메타인지와
예수님의 하브루타

Metacognition and Jesus' Havruta

성경암송학교(BRS)는 복음적이고 성경적인 선교단체로서, 신명기 6장 4~9절의 말씀에 근거하여 이 땅의 모든 교회와 목회자, 그리고 성도와 자녀들이 하나님의 말씀을 암송하고 하브루타하여 하나님의 말씀을 실천하도록 돕는 기독교 교육기관입니다

메타인지와
예수님의 하브루타
Metacognition and Jesus' Havruta

초판 1쇄 발행 | 2018년 11월 1일

지은이 | 박종신
펴낸이 | 박종신
디자인 | 조성윤
교 정 | 양미화 이경실

펴낸곳 | 성경암송학교(BRS)
등 록 | 제2018-000006호(2014.4.10)
주 소 | 충남 아산시 신창면 서부남로 844 성경암송학교 202호
전 화 | 041) 532-0697
팩 스 | 041) 532-0698
홈페이지 | www.amsong.kr

ISBN 979-11-88552-01-6 03230

※ 책 가격은 뒷 표지에 있습니다.
※ 이 출판물은 저작권법에 의해 보호받는 저작물로 무단전제와 복제를 절대 금합니다.
※ 잘못 만들어진 책은 구입하신 서점에서 교환해 드립니다.

메타인지와 예수님의 하브루타

Metacognition and Jesus' Havruta

박종신 지음

프롤로그
메타인지와 예수님의 하브루타

　예수님은 세상에서 가장 탁월한 하브루타 교사(Havruta Teacher)였다. 예수님은 정통 유대인이셨으며 그 누구보다도 탁월하게 하브루타를 통해 진리를 알려 주셨다. 예수님과 개인적인 만남을 가졌던 사람들은 질문과 대답, 때로는 논쟁의 과정을 거쳐 자신이 가진 갈증을 해소하는 기쁨을 누렸다.

　2,000년 전에 사역하셨던 예수님이 하브루타를 하셨던 기록들이 성경 곳곳에 언급되어 있다. 예수님이 12세가 되어 성전에서 랍비들과 하브루타를 하신 장면을 누가는 자세히 기록하고 있다.

　　사흘 뒤에야 그들은 성전에서 예수를 찾아냈는데, 그는 선생들 가운데 앉아서, 그들의 말을 듣기도 하고, 그들에게 묻기도 하고 있

었다. 그의 말을 듣고 있던 사람들은 모두 그의 슬기와 대답에 경탄하였다.(눅 2:46~47 새번역성경)

예수님은 수천 명이 모이는 대중설교를 제외하곤 대부분 하브루타 방식으로 사람들과 대화하셨다. 사람들이 먼저 질문한 경우도 있었고 예수님이 먼저 질문하신 경우도 있었다. 누가 먼저 질문을 했건 예수님은 그 질문에 대답하셨고, 토론하셨고, 진리를 알려주셨다. 인지적 오류에 빠져있던 사람들은 예수님과의 하브루타를 통해 진리를 알게 되면서 자유함을 누리게 되었다.

사실 '진리를 안다'는 것은 매우 어려운 일이다. 예수님은 "진리를 알지니 진리가 너희를 자유롭게 하리라"(요 8:32)고 하셨다. 사람들은 진리를 알 때 비로소 자유롭게 된다. 사람들이 자유롭지 못한 것은 진리를 모르기 때문이다.

문제는 수많은 사람들이 진리를 모르면서 진리를 아는 줄 아는 인지적 오류(흔히 사람들이 겪는 착각)에 빠져 있는 것이다. 성경말씀을 읽고, 암송하고, 설교를 듣고, 성경공부를 한 것만으로 자신이 '진리를 안다'는 것으로 착각하고 있다.

그러나 실제로 진리를 아는 것은 세상에서 가장 어려운 일이다. 불교에서 진리를 아는 행위를 '득도(得道)했다'라고 한다. 득도는 평생의 수행과 공부의 결과이다. 불교에서는 사람들이 득도(得道)하기 위해 노력하지만 대부분 진리를 알지 못한 채 세상을 떠난다고 한다. 그만큼 진리를 아는 것은 쉬운 일이 아니다.

예수님 당시에도 그렇지만 지금도 대부분의 크리스천들이 '진리를 안다'는 인지적 오류에 빠져있다. 이러한 인지적 오류에 빠지면 사람들은 자신이 진리를 안다고 착각하기 때문에 자신에 대한 치밀한 관찰이나 질문이 없다. 다만 마침표만 있을 뿐이다. 이런 사람들의 특징은 끝내 진리에 도달할 수 없다는 것이다. 성장이나 효율성을 전혀 기대할 수 없으며 평생 자기중심적이고 자아도취적인 삶을 살아가게 된다. 워렌 버핏의 평생 동반자이자 오른팔인 찰스 멍거(Charles Munger)는 이런 말을 했다.

"인생과 비즈니스에서, 내가 무엇을 모르는지 아는 것이 똑똑한 것보다 훨씬 쓸모 있다."
"Knowing what you don't know is much more useful in life and business than being brilliant."

내가 무엇을 알고 무엇을 모르는지 구별하는 능력을 메타인지(Metacognition) 능력이라고 한다. 메타인지란 내가 아는 것과 안다고 착각하는 것을 파악하는 능력이다. 우리가 흔히 생각하는 행위를 '인지'라고 하는데, 이 인지를 관찰하는 인지 위의 인지를 '메타인지'라고 한다.

메타인지는 지능지수(IQ)나 환경보다 중요하다. 메타인지가 높으면 아는 지식과 모르는 지식을 분명하게 구분할 수 있게 되어 모르는 부분을 보완하기 위한 학습계획을 세우므로 학습의 효율성이 매우 높아진다. 따라서 효율성을 높이려면 아는 수준의 지식을 설명할 수 있는 수준으로 늘려가야 하고 설명할 수 있는 수준의 지식이어야 장기기억이 가능하므로 필요할 때 언제든지 꺼내 쓸 수 있는 수준의 지식이 된다.

그럼 메타인지를 향상시키는 방법은 무엇일까? 설명하는 것이다. 설명법만큼 효과적인 학습법은 없다. 설명의 과정은 단순하게 개념을 이해하는 수준이 아니라 알고 있는 지식을 효과적으로 전달하는 과정을 포함하기 때문에 더 고차원의 이해 수준이 요구되기 때문이다. '거꾸로 학습법', '플립러닝'도 같은 개념의 학습법인 하브루타이다.

하브루타(Havruta)는 전통적인 유대인의 학습법으로 알려져 있으나 실상은 하나님의 학습법이다. 하브루타는 성경을 해석하고 적용하기 위해 준비된 하나님의 학습법이다. 따라서 성경을 잘 해석하고 설명하기 위해선 하브루타의 방식이 절대적으로 필요하다.

유대인들은 하브루타를 통해 탁월한 결과를 얻었다. 우리가 고민하는 문제들을 그들은 하브루타를 통해 말끔히 해결했다. 유대인들은 한국의 가정과 교회들이 가지고 있는 난제들을 어렵지 않게 풀어가고 있다. 세계적인 천재를 배출하고 노벨상을 받는 것은 하브루타의 부수적인 결과에 불과하다.

하브루타는 성공 우선적이 아닌 가정 우선적으로, 성적이 아닌 실력으로, 암기가 아닌 이해와 적용으로, 삶과의 괴리가 아닌 삶과 직결되는 이론으로, 연역적인 교훈을 구체적이고 귀납적인 교훈으로, 교과서적인 지식이 아닌 실제적인 삶의 지식으로, 듣는 교육이 아닌 묻는 교육으로, 외우는 교육을 생각하는 교육으로 탈바꿈 시켰다.

하브루타는 하나의 정답이 아닌 다양한 해답으로, 단답형을 문제해결의 능력으로, 스펙을 내공으로, 타율적인 삶을 자율적인 삶으로, 권유와 지시가 아닌 격려와 자극으로, 끌고 가는 리더십이 아닌 밀어주는 리더십으로, 부모와의 애착의 결여에서 안정된 애착으로, 지식이 아닌 지혜로, 혼자가 아닌 함께 하는 교육으로 탈바꿈시켰다.

그들은 하브루타를 통해 풀리지 않는 자녀들의 문제, 신앙계승의 문제, 사회적 문제, 정치적 문제들을 해결하고도 남는 저력을 보여주고 있다. 그들은 우리가 고민하는 문제들을 넘어 세상을 치유하는 티쿤올람(Tikkun:repair, Olam:world)으로 세상을 주도해 나가고 있다. 끌려가는 삶이 아닌 세상을 주도하고 이끌고 있다.

지금 한국가정의 문제, 한국교육의 문제, 한국사회의 문제의 발단은 잘못된 교육에서 비롯된 것임을 부인할 수 없다. 가정교육이나 교회에서의 설교나 교육이 시대를 역행하는 주입식 교육에 머물러 있다. 세상을 주도해야 할 교회가 오히려 잘못된 학습법으로 세상에 끌려가는 악순환을 반복하여 다음세대를 세상에 내주는 결과를 가져왔다.

해법은 간단하다. 2,000년 전에도 하브루타로 제자들과 군중을 가르치셨던 예수님의 학습법을 도입해야 한다. 겸손하게 내 방식과 고집을 내려놓고 예수님의 하브루타를 배우자. 예수님은 십자가를 앞두고 제자들에게 아주 놀라운 비밀을 말씀하셨다.

> 이제부터는 내가 너희를 종이라고 부르지 않겠다. 종은 그의 주인이 무엇을 하는지를 알지 못한다. 나는 너희를 친구라고 불렀다. 내가 아버지에게서 들은 모든 것을 너희에게 알려 주었기 때문이

다.(요 15:15 새번역)

하브루타란 '친구'라는 '하베르'에서 유래된 말이다. 예수님은 제자들을 종이라 하지 않으시고 친구라고 하셨다. 종은 주인의 비밀을 모르지만 친구는 그 비밀을 알기 때문이다. 친구가 되어 알자. 하브루타를 통해 친구가 되자. 그리고 질문하고 대답하고 토론해 보자. 거기에 하브루타의 놀라운 비밀이 있다.

성경암송학교(BRS)
하브루타훈련원(HTC)을 섬기는 **박종신** 목사

CONTENTS

프롤로그 — 4

1부. 메타인지(Metacognition)란 무엇인가?

당신은 어떤 사람인가 — 14 · 안다는 착각에 빠진 사람들 — 16
인지적 오류가 나타나는 이유 — 23 · 사람들에게 흔히 나타나는 착각들 — 24
인지적 오류와 목회적 성과 — 39 · 인지적 오류와 학업적 성과 — 43
메타인지란 무엇인가? — 44 · 메타인지가 성경적인가? — 46
왜 인지적 오류에서 벗어나야 하는가? — 51
올바른 신앙을 위해 메타인지가 필요하다 — 52
안다는 착각은 위험하다 — 61 · 메타인지 능력이 지능지수(IQ)보다 중요하다 — 65
메타인지 능력이 부족한 사람들이 겪는 인지적 오류 — 66
메타인지 능력이 부족한 사람에게서 나타나는 현상들 — 67
메타인지 향상을 위한 질문 — 72 · 독서가 메타인지를 향상시키는 이유 — 81
기록을 해야 한다 — 82 · 기록이 메타인지를 향상시키는 이유 — 86
설명할 수 있어야 한다 — 87 · 두 가지 종류의 지식 — 89 · 테필린복음이 해답이다 — 91
연결된 지식 vs 단절된 지식 — 94 · 메타인지를 극대화시키는 하브루타 — 96
너 자신을 알라 — 98 · 그리스도인의 신앙은 자기를 부인하는 것 — 99

★ 메타인지 이해를 돕는 질문 — 103

2부. 하브루타(Havruta)란 무엇인가?

학교는 학문을 위한 교육의 장이다 — 106 · 신앙교육의 시스템은 다르다 — 107
자녀들의 신앙계승을 교회가 감당하지 못한다 — 109
수직적 신앙계승 vs 수평적 신앙계승 — 110 · 하브루타란 — 119

설명할 수 없으면 아는 것이 아니다 ― 118 · 하브루타의 목적 ― 119
학습효과만을 위해 하브루타를 도입한 교회 ― 121 · 세속화된 하브루타 ― 122
하브루타 학습법이란 ― 124 · 한국교육의 대역죄인 주입식교육 ― 125
주입식교육으로 4차 산업혁명을 대처한다고? ― 128
4차 산업혁명 시대에 사라지는 직업군 vs 생겨나는 직업군 ― 130
4차 산업혁명 시대 어떻게 준비할 것인가 ― 131
4차 산업혁명 시대에 요구되는 인재 ― 132 · 하브루타가 살길이다 ― 133
교회를 떠나가는 청년들을 위한 대책 ― 134 · 교회가 하브루타를 외면하는 이유 ― 137
하브루타의 시행착오를 두려워 말라 ― 138
성경 하브루타를 인도하는 40가지 방법 ― 139 · 성경 하브루타에 성공하려면 ― 168
복음적 안식일이 필요하다 ― 170 · 예수님은 하브루타 교사이셨다 ― 173

★ 하브루타 이해를 돕는 질문 ― 175

3부. 예수님의 하브루타(Jesus's Havruta)

1. 니고데모와의 하브루타 ― 178
2. 사마리아 여자와의 하브루타 ― 189
3. 부자 청년과의 하브루타 ― 199
4. 시로페니키아 여자와의 하브루타 ― 212
5. 군중, 그리고 간음한 여자와의 하브루타 ― 220
6. 엠마오 도상의 두 제자와의 하브루타 ― 230
7. 베드로와의 하브루타 ― 248

★ 예수님의 하브루타 이해를 돕는 질문 ― 260

1부

메타인지(Metacognition)가 무엇인가?

1부
메타인지(Metacognition)가 무엇인가?

당신은 어떤 사람인가?

아주 재미있는 유머로, 메타인지(Metacognition)에 대한 이해를 돕고 그 중요성을 소개하려고 한다. 얼마 전 한 통의 메일을 받았는데 그 메일에는 재미있는 유머가 실려 있었다. 최근 결혼 중매 사이트에 배우자를 자동으로 찾아 주는 자동 프로그램이 생겼다고 한다. 결혼을 못한 어느 노총각이 중매 사이트에 접속해서 자신이 원하는 배우자의 조건을 입력시켰다.

1. 키가 커야 한다.
2. 몸이 날씬해야 한다.
3. 숫처녀야 한다.
4. 미인이어야 한다.
5. 가문이 좋아야 한다.
6. 학벌이 좋아야 한다.
7. 나이가 젊어야 한다.
8. 재산이 많아야 한다.

희망조건을 등록 한 후 컴퓨터가 노총각에게 질문을 시작했다.
1. 당신은 키가 큽니까?
2. 당신은 체격이 우람합니까?
3. 당신은 숫총각입니까?
4. 당신은 미남입니까?
5. 당신의 가문은 훌륭합니까?
6. 당신의 학벌은 좋습니까?
7. 당신의 나이는 젊습니까?
8. 당신은 재산이 많습니까?

노총각은 고민 끝에 솔직하게 'No, No, No….' 라고 대답했다. 입력을 마치자 컴퓨터 화면에 '배우자 후보를 찾는 중' 이라는 말이 뜨더니 조금 지나 결과를 보내왔다.

"정말 꼴값을 하십니다!"

'안다'는 착각에 빠진 사람들

"그 사람은 자기 자신을 너무 몰라!"

당신은 혹시 이런 이야기를 들어본 적이 있는가? 사람은 누구나 자기 자신을 제일 잘 안다고 생각하지만 오히려 주변에서는 '그 사람은 자기 자신을 너무 몰라'라고 말한다. 자기 자신에 무지하다는 것이다. 이렇게 사람들은 정도의 차이는 있지만 자기 자신을 잘 모르기도 하고 자기 자신을 잘 안다는 착각 속에 살아간다.

나도, 당신도 예외가 아니다. 이렇게 우리는 착각 속에서 살아가고 있고 또 착각하고 또 착각한다. 때로는 착각을 진리로 인정하면서 살아갈 때도 있다. 착각(錯覺)이란 무엇인가? '어떤 사물이나 사실을 실제와 다르게 잘못 느끼거나 잘못 생각하는 것'이다.

그럼 사람들이 자기 자신에 대해 착각하는 것은 무엇일까? 가장 먼저 사람은 자신의 기억 수준을 착각한다. 자신의 기억력이 좋고 영구 불변할 것이라 생각한다. 그러나 사람들의 기억력은 임상의 결과로 볼 때 매우 초라한 수준이다. 기억보다는 망각이 뛰어난 것이 사람의 현 주소이다.

사람의 기억력에 대해 설명하는 에빙하우스(Hermann Ebbinghaus 1850~1909) 망각곡선에 의하면 학습 후 20분 후에 남아 있는 기억은

58%, 1시간 후에는 44%, 9시간 후에는 36%, 한 달이 지나면 20.1%에 불과하다. 사람들은 모두 기억력 장애를 갖고 있으며 자신의 기억력이 좋다는 것은 일종의 착각이다.

또 자신의 실행능력에 대한 지나친 과대평가로 인해 추상적인 목표를 세우고 결국은 달성하지 못하는 오류를 범한다. 충분히 할 수 있을 것이라는 목표를 세웠지만 자신이 세운 목표에 번번이 도달하지 못한다. 매년 새해에 자신이 세운 계획들이 얼마나 달성되는지를 보면 자신의 실행능력이 얼마나 과장되었는지를 알 수 있을 것이다.

또 사람은 '자신이 적어도 평균 이상의 사람이다'라고 착각하기도 한다. 자신의 판단력, 능력, 실력, 지식, 경제력, 운동신경 등이 평균 이상이라고 생각한다. 그럼 평균 이하는 누구란 말인가? 그런 착각은 다른 사람을 이해하지 못한 결과이며 자기중심적인 판단에 불과하다. 그만큼 사람은 자신을 모른다.

또 사람은 자신이 처음 생각했던 주장을 바꿀 줄 모르고 그에 대한 근거만을 찾아내려는 고집을 피우기도 한다. 자신이 처음 생각했던 주장에 지지하는 근거를 찾고 그 근거에 확신하지만 자신에게 불리한 것은 애써 외면하거나 관심을 돌려 회피한다. 사람은 우주가 자기중심으로 돌고 있다고 믿으며 자신은 왕년에 대단한 사람이었고, 대단히 매력적이었으며, 자신의 기여로 세상이 바뀌었다는 착각을 하기도 한다.

그러다가도 자신이 신뢰하는 권위자의 말이나 권위 있는 집단의 주장이라면, '팥으로 메주를 쑨다'라고 해도 믿는 오류를 범한다. 심지어 잘못된 정보도 그대로 인정해 버린다. 그런 오류가 문제가 될 때는 오류를 바로 잡으려 하지 않고 오히려 진리나 진실과 대항하여 싸우려 하는 어리석음을 범하기도 한다.

예를 들면, '세례(洗禮)가 옳은가? 침례(浸禮)가 옳은가?'라고 질문하면 성경을 어느 정도 공부한 사람이라면 누구나 침례가 옳다고 인정한다. 세례와 침례는 구원만큼 중요한 문제는 아니지만 잘못된 전통으로 내려온 오류라면 반드시 수정해야 할 필요가 있다.

세례가 물로 씻어서 베푸는 거룩한 의식으로서 '죄를 씻어줌'의 의미를 상징적으로 표현하는 것이라면, 침례는 '육신의 생명을 물속에서 장례를 치른다'는 의미로써, 그리스도인이 되고자 할 때에 육신의 몸을 벗고, 새로운 생명으로 태어나기 위한 예식이다. 침례에 해당하는 헬라어 '밥티스마'는 '잠기다' 라는 뜻으로 영어성경은 'Baptism' 이라고 해석한다.

침례식을 행하는 침례교와 순복음 교단의 목회자를 제외한 장로교, 감리교, 성결교단의 목회자들이 성지순례에 가서 빠지지 않고 행하는 의식이 무엇인가? 바로 예수님이 침례를 받았던 요단강에서 침례식을 행하는 것이다. 그것은 침례가 옳다는 것을 방증하는 것이다. 침례가 성경의 명령이라는 것은 진리이다. 더 중요한 것은 그리스도인의 최고의 권위인 성경이 세례가 아닌 침례를 지지한다는 것이다.

> 물은 예수 그리스도께서 부활하심으로 말미암아 이제 너희를 구원하는 표니 곧 세례(침례)라 이는 육체의 더러운 것을 제하여 버림이 아니요 하나님을 향한 선한 양심의 간구니라(벧전 3:21)

> 너희가 세례(침례)로 그리스도와 함께 장사되고 또 죽은 자들 가운데서 그를 일으키신 하나님의 역사를 믿음으로 말미암아 그 안에서 함께 일으키심을 받았느니라(골 2:12)

성경은 세례(洗禮)라는 말의 의미처럼 '죄를 씻는다'가 아니라고 분명하게 말씀하고 있다. 세례의식은 많은 사람들이 잘못 인지하는 것처럼 죄를 씻는 예식이 아니다. 죄는 물로 씻어지는 것이 아니다. 침례(浸禮)가 정확한 의미이다. 그리스도와 함께 장사되고 그 안에서 함께 일으키심을 받는 것을 상징하는 예식이다. 그런 면에서 성경은 침례라는 사실을 정확히 설명하고 있다.

그럼 이런 오류를 발견했을 때 사람들의 반응은 어떠한가? 성경을 최고의 권위로 여기는 사람이라면 당연히 세례가 아닌 침례로 표기해야 하고 침례를 받지 않은 사람은 스스로 침례의 명령에 순종하는 것이 옳은 자세이다.

그러나 사람들은 진리에 대항하여 싸우려 한다. 자신이 신뢰하는 권위자나 신뢰하는 집단의 주장을 그대로 받아들인 후 합리화시키려 한다. 대한기독교서회에서 발행한 「그리스도교 대사전」(조선출 편, 1972)에는 다음과 같이 그 시기와 이유를 분명히 밝히고 있다.

"초기 교회에 있어서 적어도 12세기경까지 세례는 '침례'가 보통이었다. 그 후 머리에 물을 적시거나 물을 뿌리는 두 가지 방법으로 발전했다. 그 이유로는 병자와 유아를 침수시키기 어렵다는 데서였다."

그러나 실제로는 12세기는 십자군 전쟁이 한창 진행되던 시기였으며 십자군을 모집함에 있어서 일일이 침례를 주기가 어려워 약식으로 세례를 주기 시작했다는 설이 있는데, 그것이 더 설득력 있어 보인다.

어쨌든 병자나 유아를 침수하는 것이 어렵든, 십자군 모집에 편의성을 위해서든 잘못된 것은 잘못된 것이다. 잘못된 것은 고쳐야 한다. 성경은 침례에 의미를 부여하고 침례를 행하라고 명령하고 있다. 동시에 지금 이 시대는 침례를 행하기에 어렵지 않은 시기이기에 당연히 침례를 행해야 한다.

그러나 한국교회는 어떤 이유를 들어서도 침례를 인정하지 않는다. 그 이유는 침례를 인정하게 되면 침례를 행하는 교단이 옳다는 것을 인정하는 셈이 되기 때문이다. 그들의 주장이 옳다는 것을 인정하게 되면 자신들에게 생길 불이익을 우려하여 끝내 잘못은 인정하지 않는다. 이것이 과연 옳은 것인가. 이렇게 사소한 오류로 인해 이단이나 사회로부터 공격을 받게 되고 신뢰를 상실하는 것이다. 이런 착각들을 종합하여 '인지적 오류'라고 한다.

문제는 이런 인지적 오류에 빠진 사람들은 언제나 자신이 올바로 알고 있고, 제대로 이해했다고 생각한다. 그러나 사람은 잘 알지 못하며 심지어 자기 자신조차 잘 모른다. 그런 사람일수록 자기 자신을 과장하거나 착각하면서 살아간다. 자신이 알고 있는지 모르는지 파악하는 분별력이 부족하다. 이런 현상은 메타인지(metacognition)가 부족하기 때문에 나타나는 현상이다.

오히려 겸손하게 느껴지는 큰 교회 목회자들

놀라지 말라. 집회 및 세미나 인도를 위해 전국의 크고 작은 교회를 방문하면서 느낀 의외의 소감을 소개하려고 한다. 적지 않은 교회를 방문하면서 규모가 큰 교회와 작은 교회, 또는 개척교회의 목회자의 자세가 확연히 다르다는 점을 발견했다.

먼저 큰 교회의 목회자들은 배우는데 매우 진지한 편이었다. 대부분 큰 교회의 목회자들의 청빙기준을 보면 학문적으로 수준이 높거나 학력이 높은 편임에도 새로운 이론이나 배움에 대해서도 열린 자세를 보였다. 연세가 지긋하고 목회경력이 많은 목회자들도 열린 자세를 보였다.

대부분의 큰 교회 목회자들은 집회나 세미나 내내 맨 앞자리에 앉아 메모하면서 집중하는 모습을 쉽게 볼 수 있었다. 반면 작은 교회나 개척교회의 목회자들은 자신의 교회에서 열리는 집회나 세미나에도 참석하지 않거나 참석을 하더라도 거의 뒷자리에 앉거나 핸드폰을 만지작거리는 등 강의에 집중하지 않는 면을 보였다.

또 큰 교회 대부분의 목회자들이 작은 교회의 목회자들보다 겸손했다. 일반적으로 큰 교회의 목회자들이 교만하다는 편견을 가질 수 있는데 의외로 그들은 인사성이 밝고 겸손했다. 강사가 오면 담임목사실로 초청하여 예의를 갖춰 극진히 인사한다. 또 장로님들이나 관계자들을 일일이 소개하면서 방문자를 극진히 대접하는 모습을 보였다.

의외로 교만하게 느껴지는 작은 교회 목회자들

반면 작은 교회 목회자들은 의외로 교만한 자세를 보였다. 인사를 하기보단 신원조회를 하는 느낌이 들었다. "누구 목사를 아느냐?", "내가 누구 목사와 친구이다", "내가 00노회 노회장을 했다", "내가 개척을 해서 이만큼의 교회를 세우는데 엄청 고생했다", "내가 이 지역에서 제일 잘 나가는 목사다" 등등 방문자와 인사를 하기보다는 자신을 과시하려는 모습이 자주 느껴졌다.

큰 교회의 목회자들은 주로 듣는 자세를 취하고 자신을 간단히 소개한다. 반면, 작은 교회의 목회자들은 자신을 드러내는 면이 매우 강했다. 가능한 자신을 최대한 과시하려는 모습이 보였다. 강사로 초청받은 내가 거의 입을 열 수 없을 정도로 작은 교회 목회자들은 자신을 드러내는데 집중하는 모습을 보였다.

물론 이런 소감은 큰 교회 목회자를 옹호하기 위한 말이 아니다. 또 큰 교회 목회자가 옳다거나 그들의 인격이 훌륭하다는 전제로 말하는 것도 아니다. 큰 교회 목회자들 가운데 사탄을 능가할 정도로 교만한 사람도 많고, 작은 교회 목회자들 가운데 겸손하고 자신의 사역에 충실한 사람이 많다. 따라서 그들의 신앙이나 인격을 평가하려는 것이 아니다.

다만 왜 그들이 큰 교회의 목사가 되고, 또 왜 그들이 작은 교회의 목사로 머물어야 하는지를 메타인지 측면에서 살펴본 것이다. 결론은 큰 교회의 목회자가 되는 사람들은 메타인지가 높은데 반해 작은 교회의 목회자들에게서 인지적 오류가 많이 나타난다는 것을 설명하려는 것이다. 메타인지 능력이 부족해서 나타나는 인지적 오류들이 목회현장에서 결과로 나타날 수 있다는 사실이다.

즉 자신이 아는 것이 무엇인지, 모르는 것이 무엇인지, 자신의 장점이 무엇인지, 약점이 무엇인지를 인지하는 능력이 큰 교회의 목사들에 비해 작은 교회의 목회자들이 현저히 떨어지는 것을 발견했다. 즉 작은 교회 목회자들이 자신을 객관화시키는 메타인지 능력이 부족한 경우가 많았다. 결과 큰 교회를 이루지 못한 이유가 되기도 한다. 작은 교회 목회자들의 기분을 상하게 할 목적이 아니다. 다만 나를 비롯한 우리 모두가 인지적 오류에서 벗어나야 한다는 사실을 강조하고 싶기 때문이다.

인지적 오류가 나타나는 이유

'인지적 오류'란 무엇인가? 잘못된 생각을 말한다. 즉 어떤 하나의 현상을 보고 전체 또는 개인적인 입장에서 착각하는 오류를 의미한다. 물론 자신의 입장에서 보면 그럴싸하지만 그것은 일종의 자기중심적인 착각이다. 몇 가지 사례들을 소개하면 다음과 같다.

- 임의적 추론 : 어떤 일을 결정할 때 사람들이 내 의견을 묻지 않았다고 해서 나를 무시하는 것으로 생각하는 착각

- 선택적 추상화 : 하나를 보면 열을 안다고 생각하는 착각

- 개인화 : 내가 다가가자 사람들이 하던 이야기를 멈추면 나에 대해 안 좋은 이야기를 하고 있었던 것이 틀림없다고 생각하는 착각

- 이분법적 사고 : 세상 모든 일이 옳고 그름으로 나뉜다고 생각하는 착각

- 파국화 : 최악의 상황을 먼저 생각하는 착각

2017년 2월 17일 한국보건사회연구원에서 '한국 국민의 건강 행태와 정신적 습관의 현황과 정책대응' 보고서에 따르면 '우리나라 국민 10명 중 9명이 인지적 오류에 해당하는 습관이 있다'는 조사 결과가 나왔다. 즉 국민 중 90% 이상이 인지적 오류를 겪고 있다고 보고했다. 그만큼 사람들은 인지적 오류, 즉 자기중심적인 착각에 빠져 있다는 사실이다. 우리 모두 예외가 아니라는 점을 인지해야 한다. 그래야만 문제를 해결할 수 있다.

사람들에게서 흔히 나타나는 착각들

2005년 이스라엘 국민이 뽑은 '역사상 가장 위대한 이스라엘인'으로 선정되고, 사상 최초로 노벨경제학상을 수상한 천재 심리학자이며

행동경제학자인 대니얼 카너먼(Daniel Kahneman)은 자신의 저서인 『생각에 관한 생각』에서 사람들의 인지적 오류, 사람들이 흔히 겪는 착각들이 어떤 결과를 가져오는지를 증명했다.

'행동경제학'(行動經濟學, Behavioral Economics)의 창시자인 대니얼 카너먼이 노벨경제학상을 수상할 수 있었던 이유는 심리학과 경제학을 완벽히 융합시켰기 때문이다. 카너먼과 그의 동료 트버스키가 전망이론을 발표한 1979년은 행동경제학의 원년으로 불릴 정도이다. 행동경제학은 이성적이며 이상적인 경제적 인간(homo economics)을 전제로 한 경제학이 아닌 실제적인 인간의 행동을 연구하여 어떻게 행동하고 어떤 결과가 발생하는지를 규명하기 위한 경제학이다.

쉽게 말하면, 사람의 인지적 오류, 사람들이 흔히 겪는 착각을 제대로 알면, 최대한 합리적 사고를 통해, 무의식적인 생각의 오류를 해결할 수 있다는 것이다. 생각의 오류를 해결하는 것만으로도 경제학적으로 결과를 보장한다는 이론이다. 즉 인지적 오류(사람들이 흔히 겪는 착각)를 줄이기만 해도 경제적인 이익을 창출할 수 있다는 논리이다. 그럼 카너먼이 제시하는 사람들의 인지적 오류, 즉 사람들이 겪는 착각에는 어떤 것이 있는가?

1. 기억력 착각(Illusion of Memory):
자신의 기억 수준을 과장하는 위험한 착각이다.

- 우리가 기억했다고 생각하는 내용과 실제 사이에 존재하는 근본적인 차이를 기억력 착각이라 부른다. 우리는 무엇인가 기억하고자 할 때, 내용과 연관성을 만드는 연관 작업을 통해 우리가 본 것 중에 사실을 포착하고 세세한 내용을 기억해낸다. 기억을 더 잘 저장하고 꺼낼 수 있도록 회상의 실마리를 통해 많은 것을 기억해낸다. 그러나 이러한 회상의 실마리는 때로는 잘못된 기억을 불러일으키기도 한다. 이는 사람들이 종종 자신이 보고 싶은 것만 보고, 기억하고 싶은 것만 기억하기 때문이다.

- '임의의 숫자 15개를 본 후 순서대로 얼마나 외울 수 있을까?'라고 했더니 40% 이상이 10개 이상을 맞출 수 있다고 했으나 10개 이상을 맞춘 사람은 0.1%에 불과했다.

- 자신이 구매하려는 물품 10개를 마트에서 기억하고 구매하는 사람은 10%에 불과했다. 이로 인해 시간적 손해, 경제적 손해를 입게 된다.

- 줄리야 쇼의 작품 〈몹쓸 기억력〉에서 '첫사랑이 아름다운 까닭은 이루지 못해서가 아니다. 몹쓸 기억력 때문이다'라고 말한다. '인출 유도 망각이론'에 따르면 우리는 기억할 때마다 망각한다. 어떤 기억을 떠올릴 때마다 그것이 응고되고 더 강해져 정확해지는 것처럼 느끼지만, 실상은 다르다. 어떤 기억이 소환될 때마다 그 기억은 효과적으로 인출되고 점검되어 처음부터 재창조되어 다시 저장된다.

같은 맥락에서 보자면, 첫사랑의 기억도 소환할 때마다 재창조되어 다시 저장된다는 이야기다. 믿지 못할 몹쓸 기억력이다.

2. 소박한 실재론(Naive realism):
남들은 몰라도 자신이 세상을 제대로 보고 있다는 위험한 착각이다.

- 나는 있는 그대로의 세상을 보고 있으므로, 내 주관적 경험과 객관적 현실 사이에는 어떤 왜곡도 없다고 믿는 경향성을 말한다.

- 그래미상(Grammy Award)을 네 차례나 수상한 미국 코미디언 조지 칼린(George Carlin, 1937~2008)은 이렇게 질문한 적이 있다. "혹시 여러분은 운전을 하면서 당신보다 느린 사람은 멍청이이고, 빠른 사람은 미친놈이라고 생각해본 적 없습니까?" 이 질문에 대부분 사람은 고개를 끄덕인다. 자기보다 느리거나 빠르게 운전하는 사람은 '지나치게' 느리거나 빠른 게 분명하다고 생각해서다. 왜 그럴까. 사람들은 자신의 인식이 더 정확하고 객관적이라고 믿기 때문이다. 자신의 견해나 인식에 담긴 주관과 편견, 선입견, 경험을 부정하거나 외면하는 것이다. 리 로스 미국 스탠퍼드대 심리학과 교수팀은 이런 현상을 '소박한 실재론(Naive realism)'이라고 불렀다. 사람들이 세상을 주관적이 아니라 있는 그대로 바라본다고 스스로 여기는 발상인데, 사실은 착각이다.

- 호텔, 마트, 식당 여성화장실에서 첫 번째 칸을 이용하는 비율은 5%에 불과했다. 왜냐하면 사람들은 첫 번째 칸을 가장 많이 사용하여 지저분 할 것이라고 생각했으나 실제로는 가장 적게 사용하여 가장 깨끗했다.

- 화장실에 걸린 수건의 앞면을 사용하는 사람들이 가장 적었다. 왜냐하면 사람들이 다 앞면을 사용할 것이라 생각하여 뒷면을 사용하였다. 결과 앞면이 가장 깨끗했다.

- 자신이 선택하여 출석하는 교회는 지극히 정상적으로 믿는 반면 다른 교회들은 확실히 그들의 종교, 이데올로기, 또는 사리사욕과 편견에 물들어 있다고 믿는 것이다.

3. 사후해석 편향(Hindsight bias):
어떤 일이 벌어지기 전에는 잘 몰랐으면서 일이 벌어지고 난 후에는 '내 그럴 줄 알았지'라고 생각하는 위험한 착각이다.

- 사후해석 편향은 우리로 하여금 자신이 훌륭한 예언가라고 믿게 만들기 때문에 매우 위험하다. 우리를 오만하게 만들 뿐만 아니라 그릇된 판단을 내리도록 인도하기 때문이다. 대니얼 카너먼은 '사후해석 편향은 과정의 건전성이 아니라 결과의 좋고 나쁨에 따라 결정의 질을 평가하도록 유도하기 때문에 의사 결정자들의 평가

에 악영향을 끼친다'라고 했다.

- 시험결과가 나쁘게 나오면 '그럴 줄 알았어'라고 말한다. 그러나 시험을 치루고 난 직후에 "이번 시험 정말 잘 치룬 것 같아요"라고 말했었다.

- 언론들은 어떤 큰 사건이나 사고가 일어나면 "예고된 참사"라거나 "인재(人災)"라는 말을 즐겨 쓴다. 이렇듯 사건·사고나 일이 끝난 후에 "나는 이미 알고 있었다거나 "내 이럴 줄 알았어"라고 말한다. 만약 알고 있었다면 예고된 참사나 인재는 일어나지 않았을 것이다.

- 한국교회가 침체된 주원인은 1980년 이후 주일학교, 학생회, 청년회 보다는 당장 유용한 장년교인에 치중한 목회 때문이었다. 전반적으로 교회가 성장하고 건축에 집중하는 과정에서 헌금능력이 높은 장년교인에 치중하는 것은 당연한 것이었다. 결국 주일학교, 학생회, 청년회를 배척한 결과로 30년 이후의 한국교회는 극심한 침체를 겪고 있다. 이런 침체를 꿈에도 예상하지 않았던 목회자들이 지금 와서는 "내 그럴 줄 알았다", "나는 이런 문제를 미리 심각하게 생각하고 있었다"라고 말한다.

4. 계획오류(Planning fallacy):
자신의 실행력에 대한 과대평가하는 위험한 착각이다.

- 앞으로 닥칠 일에 대한 낙관적인 전망 때문에 실제 계획했던 일보다 더 많은 비용과 노력이 들어가는 오류이다. 이처럼 계획오류는 무엇보다 낙관성에 기인하는 것이며 그에 걸맞게 '낙관적 편향'(optimistic bias)으로 불리기도 한다. 결국 자신에 대한 지나친 낙관, 자기 자신에 대한 과대평가가 계획을 실패로 만드는 가장 중요한 원인이라는 것이다. 우리가 실패하는 원인은 대개가 바로 이 지점이다. 실패의 많은 부분은 결국 내가 나 자신을 지나치게 낙관적으로 바라보고 과대평가했기 때문에 일어난다.

- 시드니 오페라 하우스는 1957년 6년에 걸쳐 77억의 공사비를 들여 1963년에 완공할 예정이었으나, 실제 완공된 것은 자그마치 16년이나 지난 1973년이었다. 최종 건설비용도 1,100억에 이르렀다. 결국 애초 계획보다 14배가 넘는 예산이 투입되었고 10년 이상의 추가 기간이 소요된 셈이다. 언제까지 끝내겠다고 예상했던 일들의 수많은 좌절은 개인에게도 역시 매우 빈번하게 일어난다.

- 졸업을 앞둔 4학년 학생에게 논문을 완성하는데 얼마나 걸릴지 예측하라고 했다. 평균적으로 학생들은 자신이 예측한 기간보다 3-4주의 시간이 늦어졌다.

- 영국에서 3,000명을 대상으로 조사한 결과 새해 결심 중 88%는

지켜지지 못하는 것으로 밝혀졌다. 미국 스크랜턴 대학 노크로스와 밴가렐리의 연구에 따르면 77%의 사람들이 새해 결심을 일주일 이상 지키지 못했다고 한다. 또 새해에 했던 몇 가지 결심 중에서 하나라도 2년 이상 유지하는 사람은 20%가 채 되지 않는 것으로 나타났다.

- 교회에서 매년 세우는 계획은 실패로 끝난다는 사실이 밝혀졌다. "주는 주의 일을 이 수년 내에 부흥하게 하옵소서"(합 3:2), "네 입을 크게 열라 내가 채우리라"(시 81:10)는 말씀을 인용하여 표어와 목표를 세우지만 대부분 이루어지지 않는 표어를 가지고 있다. '주님의 지상명령에 순종하는 교회', '삶으로 신앙을 고백하는 교회', '성령의 능력으로 부흥하는 교회', '거룩한 교회, 다시 세상 속으로', '평신도를 동역자로 세우는 교회', '지역사회를 책임지는 교회', '끊임없이 갱신되는 교회', '세상의 소망이 되는 교회', '온전한 제자가 되는 교회', '말씀 앞에 굴복하고 반석 위에 서는 교회', '하나님이 주인 되시는 교회', '말씀이 살아 움직이는 교회', '쉼과 누림이 있는 교회', '리더를 키우는 훈련, 감동을 누리는 영성' 등등. 사실 이런 표어들은 실천이 이루어질 것을 기대하는 것이 아닌 지나친 낙관에 의거한 표어들이다. 앞에서 나온 표어를 실천하는 교회는 거의 없다. 매년 교회들은 이런 계획오류를 반복하는 가운데 신뢰를 상실하고 있다.

목표들도 마찬가지이다. '1,000명 성도 달성', '1년 10명 전도',

'100명의 선교사파송', '70억 구원운동' 같은 목표 역시 허황되고 실제로 이뤄지기 어려운 목표들이다. 교인들은 이런 표어나 목표가 실현될 것이라고 생각하지 않는다. 주로 목회자가 세운 목표이기 때문에 교인들은 대놓고 반박하진 않지만 실현가능성이 없는 목표에 불과하다고 생각한다.

5. 정서예측 오류(Affective Forecasting fallacy):
자신의 미래 감정을 잘못 예측하는 위험한 착각이다.

- 자식이 죽었을 때를 상상할 때 대부분의 부모들은 모두 비탄에 빠져 삶이 완전히 파괴될 것이라 생각한다. 하지만 실제는 그렇지 않다. 비탄에 빠질 거라고 생각하는 이유는 아이의 죽음 하나에 몰입하기 때문인데, 실제의 삶에는 많은 일들이 발생하기 때문에 슬픔과 비탄이 희석되기 때문이라고 한다.

- 돈이 많으면 행복할까. 어느 정도 까지는 행복과 상관관계가 있으나 기본적인 욕구가 채워진다면 돈과 행복의 선형적 관계는 유지되지 않는다.

- 집을 사면 정말 오랫동안 행복할 것이라고 예측했지만 실제적으로 한 달이 지나자 새집에 대한 행복감이 사라졌다.

- 사랑하는 사람과 결혼하면 행복할 것이라고 예측했지만 결혼을 전후한 2-3년은 만족스러운 시점이고 이때부터 매년 그래프는 하락하고 있다.

6. 평균 이상 효과(Better-than-average Effect):
어떤 항목이든 자신은 평균 이상이라고 생각하는 위험한 착각이다.

- 미국인들에게 "자신의 운전 능력이 어떻다고 생각하십니까?"라고 물어보면 90퍼센트 이상이 "나는 평균 이상으로 운전을 잘하는 사람"이라고 답했다. 그러나 주행테스트, 주차테스트, 준법테스트를 해본 결과 90% 이상이 불합격되었다.

- 식당을 창업하는 업주들의 90% 이상은 자신의 요리솜씨가 수준급이라고 생각했지만 10년 이내에 90%가 문을 닫았다.

- 영국의 사우샘프턴 대학교(University of Southampton)에서 재소자를 대상으로 인터뷰를 한 결과, 재소자 2/3 이상이 자신은 다른 재소자들보다 더 도덕적이고, 신뢰할 수 있고, 더 정직하고, 믿을 수 있다고 답했다. 또 재소자 스스로 일반인들보다 법을 더 잘 지킨다고 생각하고 있었다.

- 한국교회의 목회자들은 '나는 다른 목회자에 비해 설교를 잘한다'

는 주관적 확신을 가지고 있다. 그러나 객관적으로 좋은 설교의 기준인 본문충실, 올바른 해석 및 적용, 좋은 목소리, 적절한 시간, 교인들의 필요부응 등에 근거하지 않는다.

- 한국교회 교인들은 '나는 믿음이 다른 교인들보다 좋다고 생각한다'는 주관적 확신을 가지고 있다. 그러나 성경적으로 좋은 믿음의 기준인 구원의 확신, 온전한 헌신의 삶, 말씀의 삶, 기도의 삶, 순종의 삶, 구령의 열정 등에 근거하지 않는다.

7. 확증편향(Confirmation Bias):
자신이 처음 생각했던 주장에 지지하는 근거만을 찾는 위험한 착각이다.

- 사람은 누구나 무의식적으로 자신에게 유리한 정보만을 받아들이며, 자신에게 불리한 정보는 무시하는 경향이 있다. 즉 듣고 싶은 것만 들으려 하고 보고 싶은 것만 보려고 한다. 자신의 신념과 같은 사실은 믿고 받아들이고 따르나 다르면 무조건 무시, 비판, 분노, 배척하는 경향이다.

- 이러한 확증 편향을 타고 기승을 부리는 것이 바로 가짜 뉴스로, 사람들이 믿고 싶어 하는 생각을 보여줌으로써 아주 간단하게 퍼져나간다. 더욱 놀라운 사실은, 이러한 가짜 뉴스가 거짓이라고 밝혀

진다고 해도 그런 거짓을 믿었다는 것에 반성하거나 사과하지 않고 더 적극적으로 자신의 주장을 입증하기 위해 행동한다는 점이다. 설령 수많은 증거들이 자신의 주장이 틀렸다고 하더라도, 그것은 중요하지 않다. 단 하나만이라도 내 주장을 뒷받침하는 근거가 있으면 된다. 그것이 확증 편향의 원리이다.

- 한국교회, 특히 대형교회에 다니는 교인들은 자신들이 출석하는 교회와 담임목사가 정당하다고 생각하며 다른 교회나 목사는 무시하거나 인정하지 않으려는 모습을 보인다.

- 한국의 M교회의 세습 문제가 사회적 문제가 되자 M교회 교인들은 교단헌법 위반을 애써 무시하고, 비판하고, 분노하면서 배척하는 모습을 보였다. 심지어 잘못을 지적하자 "마귀가 우리를 넘어뜨리려 한다", "마귀가 여러 경로로 시험을 주고 있다. 우리 교회를 완전히 죽이고 멸하려 한다", "마귀가 역사하면 사위도 형제도 보이지 않는 법이다. 그들은 우리를 완전히 죽이고 짓밟고 없애려고 한다"라고 말한다.
더 나아가 공격적인 성향을 나타내기도 한다. "교회를 지켜야 한다"며 교인들에게 직접 행동에 나설 것을 촉구하기도 했다. 그는 "우리 교인들이 아무 것도 아닌 것 같아 보이지만 기초가 잘 되어 있기 때문에 다 들고 일어나면 막강한 힘을 발휘할 수 있다"며 "여러분은 더 이상 숨어있으면 안 된다. 교회를 지켜야 한다. 교회도 시스템으로 접근해야 한다. 누가 배후에 있고, 누가 연출했고, 누가 기획했는지, 누가 하수인인지 전체를 파악하고 대응해야 한다"라면서 공격적인 대응을 요구하기도 한다.

8. 가용성 편향(Availability bias):
확률로 정확히 계산된 것이 아닌 부정확한 정보에 기인하는 위험한 착각이다.

- 판단의 기초가 되는 정보들은 확률로 정확히 계산된 것이 아니라, 언론이나 미디어 매체에 의해 가공된 것이 대부분이다. 우리는 부정확한 정보를 바탕으로 사건이 발생할 수 있는 빈도를 추정하는 것이다.

- 비행기 추락, 자동차 사고, 살인과 같은 죽음의 위험은 시스템적으로 과대평가하고, 당뇨병이나 위암같이 덜 주목받는 죽음의 위험은 과소평가한다. 그러나 비행기 추락이나 폭탄 테러에 의한 죽음은 우리가 생각하는 것보다 훨씬 드물게 일어난다. 반대로 암으로 인한 죽음은 훨씬 많이 발생한다.

- 『선택의 심리학(The Paradox of Choice)』의 저자인 미국의 사회심리학자 배리 슈워츠(Barry Schwartz)는 실험에 참여한 응답자들에게 사람들이 사망할 수 있는 40가지 원인을 제시하고, 각

원인에 의한 연간 사망자 수를 추정해보도록 했다. 그 결과 응답자들은 사고로 인한 사망자 수와 질병으로 인한 사망자 수를 비슷하게 평가했다.

그러나 현실은 달랐다. 질병에 의한 사망은 사고로 인한 사망보다 16배나 많고, 특히 심장마비에 의한 사망은 범죄에 의한 살인보다 11배 많았다. 사람들은 일상적으로 사람의 목숨을 앗아가는 질병에 대해서는 과소평가하는 반면, 언론에 쉽게 노출되는 사고에 대해서는 과대평가하는 경향을 보였다.

- 코넬대학의 심리학자 토머스 길로비치(Thomas Gilovich)가 『인간, 그 속기 쉬운 동물(How we know what isn't so)』에서 던진 질문이다. 당신의 생각은 어떤가? 혹시 항공기 부품에 맞아 사람이 사망했다는 뉴스를 들은 적이 있는가? 아마 별로 들어보지 못했을 것이다. 반면 상어의 습격으로 어부가 목숨을 잃었다는 소식은 심심찮게 접했을 것이다. 그러나 길로비치에 의하면 상어의 습격으로 목숨을 잃는 것보다 공중에서 떨어진 항공기 부품에 맞아 사망하는 미국인이 30배 정도 높다고 한다. 그런데도 상어에 물려 죽은 사람이 더 많다고 생각하는 것은 아무도 항공기 부품에 맞아 죽는 사람을 상상하지 않기 때문이다. 반면 상어의 습격은 주목받기 쉽고, 상상하기도 쉽다.

- 작은 교회나 개척교회 목회자나 사모들은 교회의 성장을 객관적

인 근거에 의하지 않고 성장한 교회나 목회자의 모델을 그대로 따르려 한다. 월요일이 되면 전국에서 수천 명의 목회자 사모들이 버스를 대절하여 Y목사가 주최하는 사모대학에 참석한다. 사모대학 측에서는 '영적회복과 함께 목회성공과 교회부흥에 있어 절호의 기회'라고 하면서 참석을 부추긴다. 그러나 참가자들은 "5년, 10년, 15년, 20년을 다녀도 영적회복, 목회성공, 교회부흥이 일어나지 않았다. 다만 일시적으로 마음이 뜨거워졌을 뿐이었다."라고 고백하고 있다.

9. 권위자 편향(Authority bias):

권위자의 말이라면 무조건 신뢰하고 자기의 생각도 기꺼이 바꾸는 매우 위험한 착각이다.

- 권위자 편향이란, 절대 권위를 가진 이들의 말을 따르도록 교육 받는 것이다. 가정에서 어린 자녀들에게 부모는 절대적인 존재이다. 부모의 말을 듣지 않으면 여러 유형의 제재가 가해진다. 현대사회에서도 권위를 가진 이들은 많다. 소위 전문가그룹이다. 정치인, 경제학자, 행정학가, 종교지도자, 심지어 증권전문가에 이르기까지 소위 권위자들이 즐비하다. 권위자 편향이란 일반인들이 이들의 말을 맹목적으로 따르는 심리적 현상으로, 매우 위험한 결과를 가져올 수 있다.

- 독일의 경제학자 롤프 도벨리(Rolf Dobelli)에 따르면, 수십 년간 발생했던 많은 항공기 사고를 조사한 결과, 원인은 대부분이 기장의 실수를 동료 비행사가 알아차리고도 지적하지 않는 데 있었다. 부기장이 순전히 권위자에 대한 믿음 때문에 기장에게 조언하지 않았던 것이다.

- 지난 2008년 미국발 금융위기가 왔을 때 전 세계적으로 경제학자는 100만 명에 이르지만 세계경제위기를 정확하게 예견한 학자는 단 한명도 없었다.

- 세월호에 탄 학생들과 탑승자들은 선장의 권위를 믿고 선실에 대기하라는 말을 따랐다가 304명의 귀중한 생명을 잃었다.

- 사이비교단이나 건강하지 못한 교회의 교인들의 특징은 자신들의 목사를 절대적으로 신뢰하는 것이다. 심지어 목회자의 잘못이 명백하게 드러나 공격을 받으면 그것은 교회를 무너뜨리려는 사탄의 역사, 또는 시기로 인한 공격이라고 반박한다. 그로 인해 한국교회 전체가 엄청난 피해 당사자가 되는 것이다.

인지적 오류와 목회적 성과

목회적 측면에서, 이러한 인지적 오류를 발견하는 것만으로도 엄청난 경제성이 있다는 사실이다. 여기서 경제성이란 돈을 번다는 의미가 아니라 경제적 효율을 의미하는 것이다. 시간적 낭비를 방지하고, 경비의 낭비를 방지하고, 행정상의 오류를 방지하고, 인력의 낭비를 방지하는 것이 경제적 효율을 높이는 것이다. 이렇게 인지적 오류를 알면 메타인지 능력이 향상되고 경제적 효율이 높아진다.

결국 메타인지 능력이 높은 목회자들이 더 효과적인 목회를 할 수 있다는 것이다. 메타인지 능력을 향상시킴으로 불필요한 시간낭비를 줄이며, 불필요한 경비를 줄이며, 잘못된 목표나 오류를 배제하게 된다. 결국 교회가 정상적으로 운영되어 사람들의 공감과 신뢰를 얻게 되며, 무엇이 더 중요한지를 알고 실행함으로서 분주하거나 바쁘지 않은 가운데 목표를 성취한다. 결국 교회는 꾸준한 성장을 이루게 된다.

반대로, 인지적 오류, 사람들이 흔히 겪는 착각에 빠진 목회자일수록 효과적인 목회를 할 수 없으며 교회성장이 일어날 확률이 적어진다. 인지적 오류를 겪을수록 시행착오가 많고, 불필요한 시간낭비가 많으며, 불필요한 경비지출이 많으며, 무엇이 중요한지를 모르기 때문에 항상 분주하고 탈진은 가속화된다. 잘못된 목표나 오류를 배제할 수 있는 시스템이 없어 방향을 잃거나 탈진하는 경우가 허다하다. 결국 인지적 오류가 많은 교회는 정체되거나 성장을 기대할 수 없는 무기력 상태에 이르게 된다.

행동경제학의 이론에 의하면, 메타인지 능력이 부족한 목회자는 목회적 성과에서 약점을 보이게 되며, 인간관계에서도 부족한 면이 나타나고 효과적인 관리가 어렵다. 그 이유는 자신을 모르거나, 자신을 오해하거나, 자신의 능력을 착각하는 등 자신을 객관적으로 바라보는 메타인지가 부족하기 때문이다.

메타인지가 부족한 사람들의 특징이 있다. 자신의 사역이나 업무가 효과적이지 못하거나 결과가 좋지 않을 때 회피할 명분으로 자신의 인지적 오류를 합리화하려고 한다. 현실을 직시하기보다는 "하루에 7시간 기도하면 된다.", "성령의 능력을 받으면 된다.", "죽도록 하면 된다."는 엉뚱한 해결책을 구하는 경우가 많았다. 두 가지 메타인지 사례를 들어보겠다.

첫 번째로, 메타인지 능력이 목회적 성과를 구분 짓는 요소는 무엇일까?

실제로 어느 교회의 목사님의 이야기이다. 그 목사님이 어느 주일 설교에서 '주의 장막에 머무를 자가 누구인가'(시 15:1-5)라는 제목으로 설교를 했다.

그런데 설교를 듣는 교인들의 태도가 냉랭하기 그지없었다. 심지어 격한 반응을 보이는 교인들도 있었다. 목사님은 도저히 이해할 수 없었다. 본문 말씀대로 주의 장막에 머무를 사람의 자격으로 정직하고 공의를 행하는 사람, 혀로 남을 해하지 않는 사람, 약속한 것은 자신에게 해가 되더라도 지키는 사람에 대해 설교했다. 누구를 공격하는 설교도 아니었고 본문을 벗어난 설교도 아니었다. 아무리 생각해도 그 설교에 냉랭한 태도를 취하는 교인들의 자세를 이해할 수 없었다.

그러나 교인들의 입장은 달랐다. 목사님의 설교 자체에 불만이 있는 것이 아니었다. 다만 설교자 자신이 설교와 일치하지 않는 삶을 살면서 그렇게 설교하는 것에 동의할 수 없었기 때문이었다.

목사님은 '혀로 남을 해하지 않는 사람이 되어야 한다'고 했지만 그 교회를 떠난 사람들은 대부분 목사님의 험담으로 인해 상처를 받고 떠난 사람들이었다. 교인들이 정착하지 못했던 이유가 목사님은 이 사람에게는 저 사람 이야기를, 저 사람에게는 이 사람 이야기를 하는 등 남의 비밀을 여지없이 공개하거나 험담했기 때문이었다. 그런 목사님이 강단에서 혀로 남을 해하지 말아야 한다고 했으니 얼마나 동의할 수 없었을까.

그러나 교인들을 화가 나게 한 사건은 지난주에 있었다. 목사님은 자신에게 해가 되더라도 약속을 지키는 사람이 되라고 했지만 목사님은 약속을 지키지 않았다. 지난주에 교인들과 등산을 다녀오는 과정에서 교인들은 목사님 때문에 화가 나 있었다. 7시에 출발하기로 했으나 목사님이 8시가 넘어 도착하는 바람에 거의 9시나 되어 출발하게 되었고, 휴게소에서 화장실만 다녀오기로 해놓고도 30분이나 넘게 어슬렁거리다가 늦게 도착한 목사님 때문에 교인들은 버스에서 내내 기다려야만 했다. 그런 목사님이 강단에서 약속한 것은 자신에게 해가 되더라도 지키라는 그 말에 동의할 수 없었던 것이다.

그럼 그 목사님의 문제가 무엇인가? 그 목사님은 인격적인 면에서도 문제가 있어 보이지만 그것보다 더 큰 문제는 '인지적 오류'에 빠져 있는 것이다. '내가 하면 로맨스고 남들이 하면 불륜'이라는 말처럼 자신의 눈 속에 있는 들보를 보지 못하는 것이 가장 큰 문제였다.

즉 자기 자신을 인지하는 능력이 떨어지기 때문에 이런 결과를 초래한 것이다.

그 목사님은 자신이 부목사로 사역할 때 섬기던 담임목사의 그러한 행위에 대해 분노하던 사람이었지만 막상 자신이 담임목사가 되자 자신이 원하던 과거의 일관성을 깨뜨리고 내가 유리한 쪽으로만 행동하는 것이다. 심리학 용어로는 "행위관찰자 편향"이나 "근본귀인 오류"라고 할 수 있다. 내가 유리한 쪽으로 억지를 부리는 인지적 오류이다. 이런 결과로 그 교회는 성장하지 못하고 침체되어 있다.

인지적 오류와 학업적 성과

두 번째로, 메타인지 능력이 학업적 성과를 구분 짓는 요소는 무엇일까?

한국에서 상위 0.1%에 해당되는 학생들이 있다. 60만의 학생들 가운데 상위 800명이 바로 0.1%에 해당되는 학생들이다. 이들은 지능지수, 가정환경, 경제력에서 다른 99%의 학생들과 별반 다르지 않았다. 오히려 일반 학생들 가운데 0.1%의 학생들을 능가하는 학생들이 많았다.

그러나 0.1%에 해당되는 학생들이 일반 학생들과 다른 점이 있었다. 그것은 바로 메타인지, 인지적 오류를 아는 능력이 매우 뛰어났다. 자신이 부족한 점이 무엇인지, 자신이 잘하는 것이 무엇인지, 자신이 한계가 무엇인지를 아는 능력이 일반 학생들보다 뛰어났다.

메타인지가 뛰어난 800명의 학생과 일반 학생 700명에게 한 시간 내에 몇 단어를 외울 수 있는지를 예측하라고 했다. 그랬더니 메타인지가 뛰어난 학생들은 자신이 한 시간에 암기할 수 있는 단어의 수를 정확히 맞췄다. 반면 일반 학생들은 자신이 몇 단어를 외울 수 있는지 예측한 것이 많이 빗나갔다. 즉 메타인지가 뛰어난 학생들은 자신을 객관화 시키는 능력이 일반 학생들보다 뛰어났다. 결과 메타인지는 학업적 성과로 그대로 이어져 60만 학생들 가운데 상위 0.1%의 성적결과를 낼 수 있었다.

메타인지란 무엇인가?

그럼 도대체 메타인지란 무엇인가? 메타인지(Meta-認知, Meta-cognition)는 '인식에 대한 인식', '생각에 대한 생각', '의식에 대한 의식', 그리고 '더 높은 차원의 생각하는 기술'이라고 할 수 있다.

메타인지라는 말은 1976년 발달심리학자인 존 플라벨(J. Flavell)에 의해서 만들어졌는데, '메타'와 '인지'가 결합된 단어로서 '메타(Meta)'라는 말은 '최상의', '초월의'라는 의미를 가진 접두어이고, '인지'는 '어떤 사실을 아는 생각'이라는 의미다. 즉, '인지를 인지하는 능력' '생각을 생각하는 능력'이 바로 메타인지이다.

좀 더 쉬운 말로 바꿔보면 '어떤 대상에 대해서 어떻게 인지하고 있는지를 생각하는 것', 즉, '자신이 아는 것과 모르는 것, 그리고 안다고 착각하는 것을 인식하는 생각', '무엇이 옳고 무엇이 그른지를 구별하는 생각'이라고 할 수 있다. 자기 자신이나 대상을 객관적으로 바라보는 질문, 무엇이 옳고 그른지를 분별하는 능력, 무엇이 중요한지 덜 중요한지를 분별하는 능력이다. 결국 자기 자신이나 대상을 인지하는 능력이 바로 메타인지이다. 즉 메타인지는 생각을 인지하는 생각이다.

메타인지는 세 가지로 분류할 수 있다. 선언지식과 절차지식, 그리고 조건지식이다. **선언지식**이란 자신이 학습하는 부분에 대해서 얼마만큼의 지식과 능력을 가지고 있는지 아는 것이다. 쉽게 설명하면, 자신이 무엇을 해야 하는지를 아는 것이다.

절차지식이란 어떤 일을 하는데 얼마만큼의 지식과 노력과 시간이 들어갈지 아는 것이다. 전략을 어떻게 사용해야 하는지를 아는 것이다.

조건지식이란 지식을 습득하는 과정에서 어떤 방법을 선택해야 하는지를 아는 것이다. 즉 언제, 왜, 어떻게 필요한 절차나 전략을 적용해야 하는지를 아는 것이다. 메타인지는 이렇게 생각을 생각하는 것이다.

그러나 메타인지는 '생각을 생각하는 것'으로 임무를 마감하지 않는다. 메타인지의 시작은 생각이지만, 질문은 과정이고, 해답은 결론이다. 즉 메타인지가 아는 것과 모르는 것을 파악한다면 그것을 구분 짓는 과정은 질문이다.

그래서 메타인지에는 질문이 필수적이다. '아는 것인지 모르는 것인지, 아는 것인지 알고 있다고 착각하는 것인지, 아는 것인지 잘 아는 것인지, 옳은지 그른지, 내가 모르고 있는 것조차 모르는 것이 아닌지 질문하는 것이다. 그래야만 해답을 찾아나갈 수 있기 때문이다.

메타인지가 성경적인가?

그럼 우리는 이렇게 질문할 수 있다. '메타인지가 성경적인가?' 하는 것이다. 나는 그 질문에 대해 당당하게 '그렇다'라고 대답할 수 있다. 1976년 플라벨에 의해 메타인지라는 단어가 생기기 전에도 메타인지에 대한 개념이 있었지만 성경의 주장과의 연관성을 설명하기는 어려웠다.

그러나 지금은 메타인지가 심리학이나 공부의 영역을 넘어 교회, 성경의 주장과도 일치된다는 사실을 입증할 수 있다. 물론 성경에 메타인지라는 단어는 없지만(아직까지 기독교 서적 중에도 메타인지에 대한 책이 없음) 성경은 내내 메타인지, 생각의 생각을 설명하고 있다. 많은 목회자들이 기독교의 진리를 무조건 믿어야 한다고 주장하지만 성경의 입장은 다르다. 예수님은 진리를 알라고 하셨다.

> 진리를 알지니 진리가 너희를 자유롭게 하리라(요 8:32)

어떤 사람이 예루살렘에서 여리고로 내려가다가 강도를 만났다. 강도들은 그 사람의 가진 것을 다 뺏고 죽을 정도로 폭행하고 길가에 버려놓았다. 첫 번째로 지나갔던 제사장은 강도만난 사람을 보았지만 그냥 지나갔고, 두 번째로 레위인도 그냥 지나갔다. 세 번째로 사마리아 사람이 내려가다가 강도만난 사람을 보고 응급조치를 하고 돌보아 주었다.

예수님은 이 교훈을 설명하시면서 "이 세 사람 중에 누가 강도 만난

자의 이웃이 되겠느냐?"고 율법교사의 생각을 물으셨다. 예수님은 율법교사가 어떻게 생각하고 어떻게 해답을 찾아가는지를 알기 원하셨다. 예수님은 무조건 믿고, 무조건 사랑하라는 것이 아니라 충분히 생각해 보고 판단하라고 말씀하시는 것이다.

> 네 생각에는 이 세 사람 중에 누가 강도 만난 자의 이웃이 되겠느냐(눅 10:36)

옷 때문에 염려하는 사람을 향해 '들의 백합화가 어떻게 자라는가 생각하여 보라'고 말씀하신다. 이렇게 예수님은 생각의 중요성을 강조하셨다. '생각하여 보라'는 메타인지를 하라는 말씀이다.

> 또 너희가 어찌 의복을 위하여 염려하느냐 들의 백합화가 어떻게 자라는가 생각하여 보라 수고도 아니하고 길쌈도 아니하느니라(마 6:28)

뿐만 아니라 자기 자신은 돌아보지 않고 다른 사람에 대해 이러쿵저러쿵 하는 사람에 대해서도 말씀하셨다. 즉 메타인지가 부족해서 자기 자신의 들보는 보지 못하고 다른 사람의 눈에 티를 보고 지적하는 사람을 향해 이렇게 말씀하셨다.

> 어찌하여 형제의 눈 속에 있는 티는 보고 네 눈 속에 있는 들보는 깨닫지 못하느냐 보라 네 눈 속에 들보가 있는데 어찌하여 형제에게 말하기를 나로 네 눈 속에 있는 티를 빼게 하라 하겠느냐 외식하는 자여 먼저 네 눈 속에서 들보를 빼어라 그 후에야 밝히 보고 형제

의 눈 속에서 티를 빼리라(마 7:3-5)

자기 자신에 대해 생각해 보라는 것이다. 메타인지가 부족한 사람은 자기 자신에 대해 생각하지 않기 때문에 잘 아는 것 같지만 결국 자신을 잘 모른다. 사실 자신이 자신을 모른다는 사실조차 모른다. 자기 자신을 모르는 사람은 정작 자기 자신은 돌아보지 않고 오히려 다른 사람의 작은 실수나 오류에 대해 민감하게 지적한다. 메타인지의 핵심에 대한 말씀이다.

> 너희가 눈이 있어도 보지 못하며 귀가 있어도 듣지 못하느냐 또 기억하지 못하느냐(눅 8:18)

예수님은 보라고 말씀하신다. 들으라고 말씀하신다. 기억하라고 말씀하신다. 그것은 바로 보고 있지만 보지 못하고, 듣고 있지만 듣지 못하고, 기억하고 있지만 기억하지 못하는 인지적 오류에 빠져 있기 때문이다. 즉 메타인지 능력이 부족하기 때문이다.

> 어찌하여 내 말을 깨닫지 못하느냐 이는 내 말을 들을 줄 알지 못함이로다(요 8:43)

예수님은 인지적 오류에 빠진 유대인들이 깨닫지 못하는 이유를 설명하신다. 예수님의 말씀을 들을 줄 알지 못하기 때문이라고 말씀하신다. 외국어도 아닌 같은 언어로 말하고, 구약이라는 동일한 텍스트로 말씀하고 있지만 자기 의에 사로잡힌 유대인들은 예수님의 말씀을 듣지 못했다. 듣기는 들었지만 깨닫지 못했다. 유대인들은 진리를 말하는 예수님을 향해 오히려 '사마리아인이다' '귀신이 들렸다'는 등 엉뚱한 이야기를 했다. 인지적 오류에 빠져서 허우적거리는 모습이다.

'사람들은 누구나 제 잘난 맛에 산다'는 말이 있다. 자기중심적이고 자신이 항상 옳다는 전제의 이야기이다. 그러나 예수님은 '형제의 눈속에 있는 티는 보고 자기 눈에 있는 들보를 깨닫지 못하는 사람에게 먼저 자신의 들보를 빼라'고 하셨다. '자기 자신을 알라'는 말씀이다. 주제파악을 하라는 것이다. 자기 자신을 아는 방법은 생각하는 것이다. 단순한 생각이 인지(認知)라고 한다면 자신의 생각을 객관화시키는 것, 즉 생각을 생각하는 것을 메타인지라고 한다.

하나님의 뜻을 분별하는 메타인지

사도바울은 영적예배를 설명하면서 진정한 의미의 영적예배가 바로 이 세대를 본받지 말고 하나님의 뜻이 무엇인지 분별하는 것이라고 했다.

> 너희는 이 세대를 본받지 말고 오직 마음을 새롭게 함으로 변화를 받아 하나님의 선하시고 기뻐하시고 온전하신 뜻이 무엇인지 분별하도록 하라(롬 12:2)

사람들은 영적인 것을 마치 방언이나 어떤 신비한 은사로 생각한다. 성경이 뭐라고 하든 개의치 않고 자신이 생각하는 영적인 것을 추구한다. 이러한 현상을 '확증편향'이라고 정의한다. 자신이 처음 생각했던 주장에 지지하는 근거만을 찾는 것이다.

　예를 들면, 방언을 하는 것을 성령을 받은 증거라고 확증하는 것이다. 따라서 방언을 받지 못했다면 성령을 받은 것이 아니기 때문에 어떻게든 방언을 받으려 한다. 성경에서 성령을 받은 증거에 대해 정확히 설명해도 아무런 상관이 없다. 자신이 확증한 대로 방언이 성령의 증거라고 생각하기 때문이다. 전형적인 확증편향의 모습이다.

　이단으로 규정된 '하나님의 교회'는 오순절 절기를 지킨다. 초대교회 성도들이 오순절을 지킴으로 성령의 축복을 받았다고 주장하면서 하나님의 교회 교인들도 성령의 축복이 약속된 오순절 절기를 지켜야 한다고 주장한다. 그러면서 하나님의 계명인 오순절 절기조차 지키지 아니하면서 성령을 받았다는 것은 성경의 가르침과는 다르다고 주장한다. 전형적인 확증편향의 모습이다.

　사도바울은 진정한 의미에서의 영적예배는 방언이나 신비한 것이나 방언이 아닌 하나님의 선하신 뜻, 하나님의 기뻐하시는 뜻, 온전하신 뜻을 분별하는 것이라고 말한다. 여기서 가장 중요한 것은 '분별하는 것'이다. 무엇이 하나님의 선하신 것인가, 무엇이 하나님이 기뻐하시는 것인가, 무엇이 하나님의 온전하신 뜻인가를 메타인지를 해야 한다는 것이다. 무조건 믿고, 무작정 행동하는 것이 아닌 무엇이 선한지 선하지 않는지, 무엇이 하나님이 기뻐하시는 것인지 아닌지, 무엇이 온전한지 온전하지 않은지를 분별하라는 것이다. 즉 생각하라는 것이다.

왜 인지적 오류에서 벗어나야 하는가?

사람은 누구나 인지적 오류에 빠져 있으면 사실을 올바로 바라볼 수 없다. 자신이 보는 것이 옳다고 생각하지만 실상은 그렇지 못하다. 사람은 인지적 오류, 즉 사람들이 흔히 겪는 착각으로 인해 올바른 판단을 할 수 없다. 보고 있지만 볼 수 없고 듣고 있지만 듣지 못하게 된다. 옳고 그름을 판단할 수 없다. 자신은 항상 옳지만 사실은 그렇지 않은 경우가 허다하다.

'눈이 있어도 보지 못하고 귀가 있어도 듣지 못한다'라는 말씀이 바로 인지적 오류를 설명하는 말씀이다. 소크라테스의 '너 자신을 알라'라는 그 유명한 한마디 역시 메타인지의 핵심을 잘 담고 있다. 또한 공자는 '아는 것을 안다고 하고 모르는 것을 모른다고 하는 것, 이것이 바로 아는 것이다'라고 하여 메타인지의 본질을 꿰뚫어보았다. 메타인지를 정의하면 다음과 같다.

- 자신이 아는 것과 모르는 것을 인지하는 능력.
- 자신이 아는 것과 안다고 착각하는 것을 파악하는 능력
- 자신이 모르는 것을 인지하여 보충하는 능력.
- 자신이 아는 것과 잘못 아는 것을 객관적으로 파악하는 능력.
- 자신의 판단이 오류일 수 있다는 것을 파악하는 능력.
- 자신이 잘할 수 있는 것과 잘할 수 없는 것을 인지하는 능력.
- 자신이 정한 목표가 이루어질 것인지 아닌지를 인지하는 능력.

- 자신이 해야 할 것과 하지 말아야 할 것을 인지하는 능력.
- 자신의 인지가 편향된 것인지 아닌지를 파악하는 능력.
- 무엇이 옳고 그른지를 파악하는 능력.
- 무엇이 중요한지 덜 중요한지를 파악하는 능력.

이렇게 메타인지는 다양한 형태를 취할 수 있다. 배움 혹은 문제해결을 위한 특별한 전략, 언제 그리고 어떻게 사용하느냐에 관한 지식을 포함한다. 메타인지란 자신의 인지에 대한 인지능력이다. 쉽게 말하면 내가 아는지 모르는지를 아는 능력이다.

올바른 신앙을 위해 메타인지가 필요하다

신앙적인 면에도 메타인지는 매우 필요하다. 아니 더 중요하다. '진리를 아는 것인지 모르는 것인지', '진리를 아는 것인지 안다고 착각하는 것인지', '그것이 옳은 것인지 그른 것인지'를 알아야 한다. 그래야만 올바른 신앙이 가능하다. 두루뭉술하게 넘어가면 아는 것인지 모르는 것인지 파악할 수 없다. 그것이 옳은 것인지 그른 것인지를 분별할 수 없다. 그렇게 되면 잘못된 신앙에 빠질 위험이 크다.

문제는 많은 목회자들이 편의상 '오직 믿음'을 주장한다는 것이다. 자신의 생각을 버리고 무조건 믿으라는 것이다. 물론 진리 앞에서 자신의 생각을 버리는 것은 좋은 것이다. 그러나 그것이 진리인지 아닌지를 생각조차 하지 말라고 한다면 어떻게 진리를 분별할 수 있겠는

가. 진리를 분별하는 생각은 잘못된 것이 아니다. 당연하게 생각해서 분별해야 한다.

많은 목회자들은 그렇게 생각하지 않는 것 같다. 생각하지 않고 자신이 말한 대로 무조건 믿고, 무조건 기도하고, 성령 받으면 해결되고, 새벽기도회에 나와 기도하면 해결된다고 말한다. 과연 성경이 그런 주장에 동의할까?

성경에는 '메타인지'라는 단어가 없지만, 메타인지가 설명하는 아는지 모르는지, 아는지 알고 있다고 착각하는 것인지, 아는지 잘 아는지를 인지하고 적용했던 사람들을 소개하고 있다. 또 그로 인한 결과들을 소개하고 있다. 바로 베뢰아 사람들이었다.

> 베뢰아에 있는 사람들은 데살로니가에 있는 사람들보다 더 너그러워서 간절한 마음으로 말씀을 받고 이것이 그러한가 하여 날마다 성경을 상고하므로 그 중에 믿는 사람이 많고 또 헬라의 귀부인과 남자가 적지 아니하나(행 17:11-12)

지금 우리가 사용하는 개역개정판에서는 '더 너그러워서'라고 번역하고 있지만 예전에 사용했던 개역판에는 '신사적이어서'라고 번역했다. 새번역 성경에서는 '더 고상한 사람들이어서'라고 하고, 공동번역에서는 '더 마음이 트인 사람들이어서'라고 번역한다. 한편 NIV 성경에서는 'more noble character'(더 고귀한 사람)이라고 하고, KJV 성경은 'more noble'(더 고귀한)으로 번역한다. 이 모두가 메타인지와 관련된 표현들이다.

아무튼 '베뢰아 사람'들은 지금 한국에서 이단으로 정죄된 '베뢰아 교회'을 말하는 것이 아닌, 하나님의 말씀을 대하는 자세가 데살로니가 유대인들보다 남달랐던 베뢰아 지방의 사람들이었다. 데살로니가 지역의 유대인들은 바울의 설교를 들어보지도 않고 불량배를 동원해 소동을 일으켰던 메타인지가 떨어지는 무뢰한들이었다.

그러나 베뢰아 사람들은 달랐다. 그들은 하나님의 말씀을 받을 때 간절한 마음으로 받았다. 그러나 거기에서 끝나지 않고 '이것이 그러한가, 그렇지 않은가'를 분석했다. 그리고 그들은 자기 주관적 입장을 의지하지 않고 객관적인 관점에서 성경을 상고했다.

결과, 그들의 선택은 놀라운 결과를 가져왔다. 그들은 무조건 믿지 않았다. 하나님의 말씀을 간절하게 받았지만 '이것이 그러한가?' 하여 날마다 성경을 상고했다. 결과 믿는 사람이 많았다. 그리고 헬라의 귀부인들이 많았고 남자들도 적지 않았다.

상당부분 한국교회와 비교되는 부분이다. 한국교회 목회자들은 '무조건 믿으라'고 한다. 그런 믿음이 좋은 믿음이라고 한다. 하나님의 말씀을 간절하게 받는 것은 좋지만 이것이 그러한가 하여 분석하는 사람을 비판적인 사람이라고 폄훼한다. 결과 믿는 사람들이 점점 없어지고 귀부인들이나 남자들 대신 나이든 여자 교인들로 자리를 채우고 있다.

베뢰아 사람들은 간절한 마음으로 말씀을 받았고, 이것이 그러한지 그렇지 않는지 성경을 상고했다. 바로 메타인지 능력이 뛰어났던 것이다. 성경은 베뢰아 사람을 데살로니가 사람들과 비교하면서 그들의 메타인지에 대해 설명하고 있다.

믿음에도 메타인지가 필요하다

성경은 무조건 믿으라고 하지 않는다. 충분히 생각하고, 인지하고, 객관적으로 평가 후에 결정하라고 한다. 메타인지와 일치된 주장이다. 무조건 믿는 것은 무조건 안 믿는 것만큼이나 어리석은 것이다. 믿는 것은 선택하는 것이다. 한 번 선택하면 그 결과에 대해 무한책임을 져야 하기 때문이다. 따라서 선택할 때 무조건 선택하는 것은 무모한 것이며 어리석은 것이다. 여호수아는 하나님을 믿는 것도 선택하라고 한다.

> 그러므로 이제는 여호와를 경외하며 온전함과 진실함으로 그를 섬기라 너희의 조상들이 강 저쪽과 애굽에서 섬기던 신들을 치워 버리고 여호와만 섬기라 만일 여호와를 섬기는 것이 너희에게 좋지 않게 보이거든 너희 조상들이 강 저쪽에서 섬기던 신들이든지 또는 너희가 거주하는 땅에 있는 아모리 족속의 신들이든지 너희가 섬길 자를 오늘 택하라 오직 나와 내 집은 여호와를 섬기겠노라 하니 백성이 대답하여 이르되 우리가 결단코 여호와를 버리고 다른 신들을 섬기기를 하지 아니하오리니 이는 우리 하나님 여호와께서 친히 우리와 우리 조상들을 인도하여 애굽 땅 종 되었던 집에서 올라오게 하시고 우리 목전에서 그 큰 이적들을 행하시고 우리가 행한 모든 길과 우리가 지나온 모든 백성들 중에서 우리를 보호하셨음이며 여호와께서 또 모든 백성들과 이 땅에 거주하던 아모리 족속을 우리 앞에서 쫓아 내셨음이라 그러므로 우리도 여호와를 섬기리니 그는 우리 하나님이심이니이다 하니라(수 24: 14-18)

여호수아는 마지막 고별설교에서 하나님께서 지금까지 베풀어 주신 은혜를 상기시키며 하나님을 선택할 것을 권면하고 있다. 그리고 그 선택에는 무한책임이 있다는 사실을 상기시키며 자신이 먼저 선택의 본을 보인다. 무작정 믿고 선택하는 것이 아니라 충분히 인지한 후에 그 결과에 책임지는 자세로 신중하게 선택할 것을 종용한다.

우리는 하나님의 말씀을 믿어야 한다. 그러나 생각 없이 믿어서는 안 된다. 생각하고 믿어야 한다. 예수님은 "십자가를 지고 나를 따르지 않는 자도 능히 내 제자가 되지 못하리라"고 하시면서 먼저 앉아서 계산(計算)해 보라고 하신다. 충분히 계산한 후에 결정하라는 것이다.

> 너희 중의 누가 망대를 세우고자 할진대 자기의 가진 것이 준공하기까지에 족할는지 먼저 앉아 그 비용을 계산하지 아니하겠느냐 그렇게 아니하여 그 기초만 쌓고 능히 이루지 못하면 보는 자가 다 비웃어 이르되 이 사람이 공사를 시작하고 능히 이루지 못하였다 하리라 (눅 14:28-30)

계산(計算)은 '주어진 수나 식(式)을 연산의 법칙에 따라 처리하여 수치를 구하는 것'이라는 수학적 용어이다. 자기중심적으로 생각하지 말고 연산의 법칙에 따라 객관적으로 판단한 후에 결정하라는 것이다. 무조건 열심히, 무조건 착하게, 무조건 성실하게, 무조건 책임을 다하는 것이 아닌 수치를 구하라고 하셨다. 그렇지 않으면 결국에는 비웃음을 당한다는 것이다. 이것을 인식하는 능력이 메타인지이다.

교회에 출석한다고 해서 그리스도인이 되는 것이 아닌 것은 분명하다. 교회의 멤버십이 그리스도인을 입증하는 것이 아니기 때문이다. 수년간 교회에 출석한 결과 '집사'라는 직분을 받았다고 그것이 그리스도인임을 입증하는 것이 아니다. 만약 그렇게 생각한다면 그 사람은 성경의 말씀을 왜곡하는 것이며 메타인지 능력이 부족한 사람임을 자인하는 것이 된다.

어느 계기로 교회에 출석하여 교인이 되고, 직분자가 되고, 교회에서 중요한 위치에 있는 사람이 되었다고 해서 그 사람이 그리스도인이 되었다고 말할 수 없다. 교인이 될 수 있으나 그리스도인이 된 것이 아니다. 교인과 그리스도인을 같은 의미로 받아들이는 사람이 많다. 그러나 교인은 교회에 출석하는 사람 모두를 설명하는 말이고, 그리스도인은 예수 그리스도의 사람이 된 사람을 의미하는 것이다. 분명한 차이가 있다.

또 사람들이 판단해 준 결과로 그리스도인이 되는 것 역시 아니다. "그 사람은 신실한 그리스도인이에요"라고 했다고 해서 그것이 그리스도인임을 입증하는 것이 아니다. 제 3자의 판단이 내 자신을 그리스도인으로 만들어 주는 것이 아니기 때문이다.

내가 그리스도인이라는 사실은 내가 죄인이라는 사실을 인지할 때부터 시작한다. 내가 추악하고 더럽기 한량없는 죄인이라는 사실을 깨닫는 것이 그리스도인의 첫 걸음이다. 자신이 죄인이라는 피상적 지식만으로는 안 된다. 철저한 죄인, 죽어도 싼 죄인, 죗값을 치러야 할 죄인, 죄의 무게 때문에 밤낮으로 울어본 죄인, 죄의 더러움에서 벗어나길 간절하게 소망하는 죄인이 되어야 한다.

사람들에게 구원을 받으라고 하지만 그들이 구원의 중요성을 인지하지 못하는 이유는 자신이 죄인이라는 사실을 인지하지 못했기 때문이다. 자신이 죄인이라는 사실을 인지하지도 못했는데 구원을 받아야 할 이유는 더더욱 인지하기 어렵다.

구원은 자신이 죄인임을 철저히 인지한 후, 시인하고, 통회하고, 안타까워하고 벗어나려고 애쓸 때 구원이 필요함을 인지하게 된다. 구원의 필요함을 절절히 인지하는 순간 자신의 힘과 노력, 그리고 행위로 구원의 문제가 해결되지 않음을 인지하게 된다. 착하게도 살아보고, 구제도 하고, 다른 사람을 돕고, 죄를 짓지 않으려고 노력했지만 번번이 실패하여 도저히 내 힘으로 안 된다는 사실을 인지해야 한다.

결국에는 자신의 죄를 담당하신 예수 그리스도의 십자가 앞에 나아와 자신이 죄인임을 고백하고 구원해 달라는 요청을 드리게 된다. 아무런 공로가 없지만 구원 받고 싶고, 죄에서 벗어나고 싶고, 예수님만이 나의 구원이라는 사실 앞에 엎드러지는 결단이 바로 구원의 시작이다.

구원을 정확히 인지하지 못하는 사람들이 하는 말이 있다. "예수 믿으면 구원 받아요", "예수 믿으면 구원이지 뭐 특별한 게 있나?" 과연 그런가? 그렇지 않다. 그렇게 말하는 것은 구원을 올바로 인지하지 못했기 때문이다. 구원에 대한 이론을 안다고 착각하기 때문이다. 구원을 받기 위해서 자신이 죄인임을 철저히 인지하지 못했기 때문에 구원을 과소평가하게 된 것이다.

결과 구원받은 사람들이 날마다 더하는 역사가 사라지게 된 것이다.

이 책임은 근본적으로 교인들에게 있지만 가장 큰 책임은 가장 중요한 구원을 두루뭉술하게 가르친 목회자들의 최종 책임이 될 것이다. 이 세상에서 무서운 심판은 예수님의 피와 죽음으로 이루어진 구원을 등한시하는 것이다.

> 우리가 이같이 큰 구원을 등한히 여기면 어찌 그 보응을 피하리요 이 구원은 처음에 주로 말씀하신 바요 들은 자들이 우리에게 확증한 바니(히 2:3)

신앙의 내용도 착각할 수 있다

우리는 신앙적으로 인지적 오류에 빠질 수 있다. 사실 인지적 오류에 빠진 교인들로 인해 한국교회의 위신이 추락하고, 사람들이 교회를 떠나간다. 교회가 대외적으로 비판을 받는 것 역시 인지적 오류 때문이다. 따라서 우리는 메타인지를 통해 우리의 신앙을 정확하게 파악해야 한다.

- 나는 안다고 생각하는데 모를 수 있다.
- 나는 안다고 생각하는데 잘못 알고 있을 수 있다.
- 나는 구원받은 줄 알았는데 그렇지 않을 수 있다.

많은 교인들은 내가 말씀을 알고 있는지 모르고 있는지, 예수님을 알고 있는지 모르고 있는지, 내가 구원이 필요한 죄인인지, 아닌지를 인지할 기회가 거의 없었다. 그냥 '믿으면 구원이지', '믿음이 있으니까 교회에 나오는 거야'라고 하면서 비성경적으로 설명했고, 또 그렇게 권유하기도 했다. 전형적인 인지적 오류이다.

그러나 앞에서도 설명했지만, 신앙이란 그렇게 간단한 것이 아니다. 신앙이란 내 판단으로 되는 것이 아닌 하나님의 판단이며 성경의 판단에 따라야 한다. 구원받기 위해선 내가 죄인이라는 철저한 인지가 필요하다. 얼마나 심한 죄인인지, 추악한 죄인임을 깨닫는 인지가 필요하다. 신앙에서 가장 중요한 구원의 문제를 그러한 인지의 과정 없이 다른 사람의 권유만으로 확증한다는 것은 위험한 것이다.

사실 우리는 '믿음'이라는 단어에 대해서 명확하지 않다. 따라서 올바른 믿음을 이해하기 위해 메타인지가 필요하다. 믿음이란 무엇인지, 나에게 믿음이 있는지 없는지, 나에게 믿음이 있는지 아니면 믿음이 있다고 착각한 것인지, 큰 믿음과 작은 믿음의 차이는 무엇인지, 성경은 믿음을 어떻게 정의하는지, 그리고 믿음이 어떻게 발생하는지, 믿음을 성장시키기 위해 어떻게 해야 하는지를 인지해야 한다. 그래야만 성경적인 믿음 생활을 할 수 있을 것이다.

우리 그리스도인들이 가장 모호하게 사용하는 단어 중에 '은혜'라는 말이 있다. 은혜 역시 메타인지를 해야 할 필요가 있다. 올바른 은혜의 세계로 들어가기 위해선 메타인지가 필요하다. 은혜란 '죄인들을 사랑하여 독생자 예수님을 보내신 하나님의 사랑'을 의미한다.

그러나 우리는 은혜라는 단어를 임의로 남발한다. 남발한다는 것은 은혜를 올바로 이해하지 못한다는 것과 같다. 설교를 마친 목사님에게 "오늘 말씀 정말로 은혜스러웠습니다"라고 하는가 하면, 좋았던 분위기를 "은혜스러웠다"라고 말한다. 교회에서 제직회를 할 때 대충 넘어가자고 제안할 때도 "은혜로 넘어갑시다"라고 한다. 은혜의 진정한 뜻은 무엇일까?

은혜가 무엇인지, 나는 은혜를 체험했는지, 나는 정말 은혜를 알고 있는지, 내가 은혜를 받은 증거는 무엇인지 메타인지를 해야 한다.

안다는 착각은 위험하다

이러한 인지의 과정에서 우리가 분명하게 파악해야 할 것이 있다면 그것은 '안다는 착각'에 대한 위험이다. 교회를 어느 정도 다니면 교회에 대해, 성경에 대해, 기도에 대해, 복음에 대해, 예배에 대해 안다고 착각할 수 있다. 자신은 안다고 생각하지만 아는 것이 아닌 안다는 착각에 빠질 수 있다. 안다는 착각은 모른다는 사실을 인지하는 것보다 훨씬 위험하다. 모른다고 생각하면 배울 수 있지만 안다고 착각하는 순간 배움은 정지되고 잘못된 정보를 적용하기 때문이다.

학생들이 시험을 보고 나와서 많이 하는 말 중에 "아는데 틀렸다"는 말이 있다. 분명 공부한 내용이고 확실히 암기까지 한 내용인데 왜 시험에서 틀렸을까? 우리의 뇌로 들어오는 지식과 정보를 처리하는 과정은 입력과정(Input)이 있어야 하고, 저장과정(Save)을 거쳐 출력(Output)하게 된다. 쉽게 말해 사람은 오감을 통해 정보를 입력하고 단기기억, 또는 장기기억으로 저장한 후 필요할 때 정보를 꺼내게 한다.

그런데 만약 입력과정에서 자신이 충분히 이해하지 못했거나 잘못 이해한 내용을 입력한다면 어떻게 될까? 아무리 잘 저장하고 제 때에 제대로 출력을 한다고 해도 내용은 잘못된 정보로 남을 것이다. 따라서 모르는 것보다 더 위험한 것은 오개념(wrong concept)이다.

사실 우리는 대체로 자신이 얼마나 모르는지, 잘못 이해했는지 인정하지 못한다. 알량한 지식으로 전문가인 것처럼 행세한다. 전문가가 된 기분이 들면 전문가처럼 말하기 시작한다. 게다가 우리의 말을 듣는 상대도 많이 알지 못하는 듯 보인다. 그러나 상대에 비하면 우리는 전문가다. 그래서 더 전문가가 된 기분에 빠진다.

이런 상황에서 교회 공동체는 위험에 처한다. 우리는 서로 영향을 주고 받는다. 교회 리더들이 진리를 잘 모르는 채로 입장을 공유할 때는 구성원들끼리 이해한다는 느낌을 서로 강화한다. 그래서 확실한 근거가 되는 진리가 없는데도 모두가 정당하고 명백한 사명을 가졌다고 여기는 것이다. 구성원들이 서로의 관점을 정당화해준다고 간주하므로 모두의 의견은 신기루 위에 선 것과 같다. 이것이 교회 공동체가 사회로부터 외면을 받게 되는 이유가 된다. 미국의 소설가인 마크 트웨인(Mark Twain) 이렇게 말했다.

> "곤경에 빠지는 건 뭔가를 몰라서가 아니다. 뭔가를 확실히 안다는 착각 때문이다."

우리는 세상의 모든 지식을 다 알 수 없다. 우리는 아는 것보다 모르는 것이 훨씬 많다. 우리는 아무리 공부를 많이 하고 책을 많이 읽어도 모르는 것이 아는 것보다 훨씬 많다. 유대인인 윌 로저스(William Rogers)는 이런 명언을 남겼다.

"사람들은 모두 무지하다. 다만 그 무지한 분야가 서로 다를 뿐이다"

네이트 실버(Nate Silver)의 저서 『Signal and Noise』는 아마존에서 선풍적인 인기를 끌었다. 이 책은 뉴욕타임스에서 15주 연속 베스트셀러에 올랐으며, 아마존에서는 '올해의 책(논픽션 부문)'으로 선정되었다. 이 책은 통계학을 기반으로 어떻게 잘못된 정보(소음)를 거르고 진짜 의미 있는 정보(신호)를 찾을 것인지에 대한 책이다. 이 책에서 가장 위험한 유형은 '알려지지 않은 미지'라는 유형이라고 한다.

- '알려진 앎'(known known)이 있다. 우리가 안다는 사실을 알고 있는 것들이다.
- '알려진 미지'(known unknown)가 있다. 그것은 현재 우리가 모른다는 것을 아는 것이다.
- '알려지지 않은 미지'(unknown unknown)는 우리가 모른다는 사실조차 알지 못하는 것들이다.

'알려진 앎'이나 '알려진 미지'와 달리 '알려지지 않은 미지'가 위험한 것은 우리가 모른다는 사실조차 알지 못하기 때문이다. 자신이 안다고 착각하기 때문에 문제가 해결되지 않는 것이다. 그래서 메타인지를 통해 아는 것이 무엇이고 모르는 것이 무엇인지를 깨달아야 하는 것이다. 굳이 윌 로저스의 말이 아니더라도 우리는 모두 무지하다. 따라서 우리는 무지를 인정해야 한다, 그래야만 정확한 올바른 정보를 얻게 되고 그에 대한 대책을 마련할 수 있다.

나는 축구를 좋아한다. 아마 한국의 남자들이라면 대부분 축구를 좋아하는 것 같다. 축구를 좋아하는 사람이라면 2018년 8월 17일, 인도네시아 하루팟 스타디움에서 열린 2018 아시안게임 남자축구 말레이시아와의 E조 조별리그 2차전에서 어이없게도 1:2 충격패를 당한 것을 기억할 것이다. 당시 한국은 FIFA 랭킹 57위, 말레이시아는 171위였다.

한국이 당연히 이길 줄 알았다. 김학범 감독은 말레이시아를 상대로 당연히 대승을 예상하고 조현우와 손흥민에게 벤치를 지키게 했을 것으로 추측된다. 그나마 바레인은 한국이 껄끄럽게 생각하는 중동국가여서 약간의 경계심이 있었겠지만 동남아 국가인 말레이이아전은 일말의 경계심마저 내동댕이쳤다. 결과는 1:2 패배로 '반둥참사'로 불리는 굴욕을 맛보게 됐다.

대승을 예상했는데 왜 패배했을까? 물론 축구공이 둥글기에 어떤 결과가 나올지는 경기가 끝나야 아는 것이다. 그럼에도 한국이 말레이시아에 패배한 것을 사람들은 이해하지 못했다. 이기는 것은 물론이고 당연히 대승을 거둬야 하는 경기였기 때문이다.

그런데 이에 대해 여러 가지 근거 있는 주장이 나왔다. 한국이 바레인 전에서 6:0으로 이긴 것 때문에 방심했다는 것이다. 그래서 주전들을 빼고 후보들을 대거 기용했다는 것이다. 또 말레이시아에 대해 잘 알고 있다고 착각했기 때문이라는 것이다. 말레이시아가 FIFA 랭킹 171위라는 사실, 그들의 전력이 한국보다 약하다는 사실, 그들의 체력이 한국보다 약하다는 사실을 알고 있었던 것이다.

객관적인 전력에서 한국이 우위인 것은 사실이었지만, 한국이 월드컵에서 FIFA 랭킹 1위인 독일을 이겼다는 사실을 기억하지 못한 것이다. 쉽게 얕잡아 보다가 패배한 경우는 수없이 많다. 얕잡아 보는 것, 전력이 약하다고 방심하는 것은 모두 안다는 착각에서 나오는 것이다. 안다는 착각이 말레이시아에서 패배한 결과를 가져온 것이다. 이렇게 안다는 착각이 무서운 것이다. 안다는 착각은 엄청난 대형 참사를 불러 올 수 있다.

문제는 안다는 착각에서 벗어나는 것이다. 안다는 착각에서 벗어나기 위해선 내가 아는 것은 무엇이고 모르는 것이 무엇인지, 확실히 아는 것과 안다고 착각하는 것이 무엇인지를 파악하는 것이다. 즉 메타인지를 향상시켜야 한다. 메타인지의 향상은 국가적인 차원은 물론 개인의 신앙과 교회에도 적지 않은 영향을 끼칠 것이다. 그리고 나아갈 방향을 제시해 줄 것이다.

메타인지 능력이 지능지수(IQ)보다 중요하다

사실 메타인지는 학생들의 공부에 대한 연관성이 많다. 전국 60만 명의 학생들 중 0.1%에 해당되는 800명을 분석한 결과 지능지수, 가정환경, 경제력이 나머지 학생들과 차이가 없었지만 메타인지에서 큰 차이가 있었다. 0.1%의 학생들의 특징은 메타인지가 매우 높았다는 사실이다.

앞서 말한 바와 같이 메타인지 능력은 특정 내용에 대해 자신이 아는지 모르는지를 정확하게 아는 능력이다. 넓게 말하면 자신의 능력 정도에 대하여 얼마나 파악하고 있느냐를 말한다. 또한 자신을 객관적으로 바라볼 수 있는 능력이라고 할 수 있다. 결과 메타인지 능력이 성적 향상과 상관관계가 아주 높았다. 성적에 미치는 영향이 IQ가 20%이라면 메타인지 능력은 40% 이상이었다.

메타인지 능력이 부족한 사람들이 겪는 인지적 오류

그러나 메타인지 능력이 중요한 이유는 단순히 성적과 관련이 있기 때문이 아니다. 한 사람의 삶에 큰 영향을 줄 수 있기 때문이다. 메타인지 능력이 부족한 사람은 대부분 현실과 이상의 괴리가 크다. 이는 자신이 알고 있는 것과 꿈꾸는 것의 간극이 크기 때문이다.

따라서 메타인지 능력이 부족한 사람들은 목표를 세워도 이루어 내는 경우가 매우 드물다. 상황에 대한 인지능력이 부족하고, 내가 무엇을 모르는지 모르기 때문에 자기중심적인 판단을 하게 되고 고집이 세고 충동적이다. 원칙에 대한 정보가 없기 때문에 모든 일에 대해 주먹구구식이다. 자신이 아는 것에 대해선 목소리를 높이지만 모르는 것에 대해선 무관심하거나 인정하지 않으려는 태도를 갖는다. 계획적인 삶이 불가능해 비효율적으로 생활하는 인지적 오류를 겪는다.

'인지적 오류'란 '메타인지 능력의 부족으로 사람들이 흔히 겪는 착각 또는 잘못'을 말한다. 대표적인 인지적 오류가 '내가 안다'라는 착각이다. 차라리 모른다고 하면 수정이 가능하지만 안다고 생각하기 때문에 자신에게도 피해가 돌아가고 더 나아가 공동체에도 큰 피해를 불러올 수 있다.

메타인지 능력이 부족한 사람들에게서 나타나는 현상들

인지적 오류는 신앙에도 큰 영향을 미친다. 메타인지 능력이 뛰어난 그리스도인들은 객관적 판단이 뛰어나기 때문에 자신이 아는 것과 모르는 것의 구분이 명확하다. 따라서 자신이 아는 것(장점)을 극대화시키고 자신이 모르는 것(단점)은 끊임없이 보완하는 신앙형태를 보인다. 당연히 주변에서 보기에도 인정받는 신실한 사람으로 평가받게 된다.

이에 반해 메타인지 능력이 부족한 그리스도인들은 아는 것, 모르는 것, 중요한 것, 불필요한 것에 대한 구분이 없기 때문에 열심히 하는 것 같지만 열매가 없고, 언제든지 교회 내에서 문제를 발생시킬 가능성이 높으며, 사람들과의 관계가 원만하지 못하며, 자기 고집만을 주장하여 공동체에 피해를 주게 된다. 대표적인 현상들은 다음과 같다.

1. 목표를 세웠는데 전혀 현실감이 없고 실현가능성도 낮다.

열심히 무엇인가 해보겠다며 목표를 세운다. 그 사람이 세운 목표를 객관적으로 봤을 때 달성할 가능성이 전혀 없어 보이는 경우가 많다. 또 목표를 세운 후 그에 상당한 노력을 하지 않는다. 결과 실현가능성이 매우 낮다.

2. 자신이 얻은 좋지 않은 결과에 대한 원인을 항상 외부에서 찾는다.
어떤 일에 대한 결과가 좋지 않은 경우는 자신의 능력이 원인이 되는 경우가 많다. 하지만 그것은 전혀 고려하지 않고 항상 외부에서 그럴싸한 이유를 찾고 자기 합리화를 한다. 잘 되면 내 탓이고 안 되면 다른 사람 탓이다. 메타인지 능력이 떨어지는 사람의 특징은 언제나 '내로남불'(내가 하면 로맨스고 다른 사람이 하면 불륜이다)스타일이다.

3. 자기 능력에 대한 착각이 크다.
메타인지 능력이 떨어지는 경우 자신의 능력을 과잉 확신하는 경우가 많다. 여기서 과잉 확신은 '충분히 할 수 있다', '잘 할 수 있다'와 같은 긍정적 사고방식과 다르다. 자신의 능력에 대해 확인이나 검증의 과정이 없이 '충분히 안다', '잘 안다', '잘 될 것이다'라고 확신하는 것을 의미한다.

예를 들면, 시험을 마치고 나온 수험생에게 "몇 점을 맞을 것 같아요?"라고 질문했더니 "100점입니다"라고 대답했지만 결과는 60점이었다. 메타인지 능력이 떨어지는 사람들에게서 나타나는 전형적 모습이다. 이런 사람은 '요란하지만 결과가 없다'는 말로 표현될 것이다.

4. 여유가 없고 항상 서두른다.

메타인지 능력이 부족한 사람은 자신이 해야 할 일과 다른 사람이 해야 할 일을 구분하지 못한다. 은사에 의한 분업화나 역할분담에 대한 이해가 없다. 계급에 의한 분업화나 역할분담이 있을 뿐이다. 따라서 자신이 모든 것을 담당해야 한다고 생각한다. 항상 자기 방식으로 업무가 진행되어야 하다 보니 언제나 여유가 없고 서두르게 된다. 자신이 우주의 중심이기 때문에 자신의 판단만을 옳게 여기고 자기중심으로만 업무를 처리하려고 한다. 이런 리더에게 분업화나 역할분담은 없고 오로지 자신 혼자만으로 일을 진행한다고 생각하기 때문에 주변의 사람들을 모두 허수아비로 만들어 버린다. 당연히 효율성도 없고 업무의 성과가 떨어진다.

그러면서도 늘 하는 말이 "내가 없으면 안 된다"는 생각을 갖고 있다. 다른 사람에게 위임할 수 없으며 자신이 동분서주하면서 자신뿐만 아니라 다른 사람을 피곤하게 한다. 이런 사람은 항상 "바쁘다 바빠", "나는 지금 이렇게 바쁜데 당신은 지금 뭐하고 있어!"라는 말을 입에 달고 산다. 이런 부류의 사람은 다른 사람을 결코 신뢰하거나 업무를 위임할 수 없다. 오로지 자신만이 우주의 중심이라고 생각하지만 결과는 늘 초라하다.

5. 자기중심적인 사고가 강하다.

메타인지 능력이 부족한 사람일수록 '자기 자식', '자기 가족', '자기 교회', '자기 목사', '자기 교단' 등 오로지 자기와 관계된 자기중심적 사고를 갖는다. 자기 자식이 아니면 자식도 아니고, 자기 가족이 아니면 가족도 아니고, 자기 교회가 아니면 교회도 아니고, 자기 목사가 아니면 목사도 아니고, 자기 교단이 아니면 교단도 아니다.

오로지 자기와 관련된 것만 옳고, 잘 되어야 하고, 정당하게 여긴다. 반면 다른 것에 대해선 무관심하거나 심지어 잘못된 것으로 여긴다. 이런 사람은 자신을 그리스도인이라고 하지만 하나님의 사랑이나 이웃사랑이 존재할 수 없다. 만약 이런 사람에게 칼이 주어진다면 자기 밖의 사람들에게 무차별 칼을 휘두를 위험한 사람이다.

6. 다름과 틀림의 차이를 알지 못한다.

메타인지 능력이 부족한 사람은 다름을 틀림과 연관 지어 생각한다. 본능적인 사고는 다름과 틀림의 차이를 구별하지 못한다. 이런 현상은 사회가 요구하는 지식, 기술의 전문성, 기능의 극대화를 다양하게 바라보는 사고가 떨어지기 때문에 발생한다. 그래서 '나와 다르면 틀리다'는 공식이 자연스럽게 성립된다.

'다르다'의 사전적 의미는 '서로 같지 않다', '보통의 것보다 두드러지는 데가 있다'란 뜻이고 '틀리다'는 뜻은 '맞지 않고 어긋나다'란 뜻으로 쓰인다. 틀림은 옳고 그름에 대한 문제라면 다름은 나와 같지 않다는 의미로 더 쓰여 지고 있다. 따라서 나와 다르다는 것은 결코 틀린 것이 아니다.

성경은 우리에게 다채로움과 통일성을 준다. 성경에 나온 인물들은 자신의 뚜렷한 개성이 다양한 상황에 접목되면서 하나님의 은혜를 풍성하게 만들었다. 그리고 은혜의 풍성함은 하나님의 말씀 안에서 일체감을 더했다. 그래서 성경은 다양성에서 통일성을 이루고 있다는 사실을 메타인지를 통해 파악해야 한다.

7. 무엇이 중요한지를 모른다.

메타인지가 부족한 사람은 항상 분주하지만 무엇이 중요한지를 모른다. "바쁘다 바빠!"라는 말을 입에 달고 살지만 자신이 왜 바쁜지, 무엇 때문에 바쁜지를 모른다. 맥스 루케이도(Max Lucado)의 「예수님처럼」에 보면 다음과 같은 글이 나온다.

"암벽해안에서 일하던 어느 등대지기가 한 달에 한 번씩 기름을 받아 등댓불을 간수하고 있었다. 마을에서 멀지 않다보니 손님들이 자주 왔다. 하룻밤은 어떤 여자가 집 난방에 필요하다며 기름을 구하러 왔다. 또 하룻밤은 어느 아버지가 등잔불을 켠다며 기름을 청했다. 모두 그럴싸한 요구인지라 등대지기는 달라는 대로 주었다. 그러다 월말이 되자 기름이 떨어졌고 등대는 꺼졌다. 그 바람에 몇 척의 배들이 해안에 충돌했다. 상부에서는 이 등대지기를 이런 말로 질책했다. '당신에게 기름이 공급된 것은 한가지 이유, 즉 등대를 밝히기 위한 것이었소.'

우리는 세상의 모든 필요를 다 채울 수 없다. 세상의 모든 사람을 다 기쁘게 할 수 없다. 세상의 모든 요구에 다 응할 수 없다. 그런데도 애써 그렇게 하려는 사람들이 있다. 그러다 결국 기름이 떨어진다. 당신의 능력을 바로 평가하라. 그리고 그 선을 벗어나지 말라."

요즘 목회자들이 너무 바쁘다. 어떤 목회자는 입에 "바쁘다 바빠!"라는 말을 달고 산다. 또 그렇게 목회를 하는 것이 성실한 것이며 자기 자신을 정당한 것이라 믿고 뿌듯해한다. 그러나 결과는 별로 좋지 않다. 그런 목회방식은 목회자의 탈진을 불러오고 지치게 한다. 그런 식으로 하면 300명 교인도 목회하기가 힘들어진다. 교인들이 많아질수록 더 바빠지고 탈진은 가속화되기 때문이다. 깊이는 점점 없어진다.

그럼 왜 이런 현상이 발생할까? 맥스 루케이도는 이에 대해 잘라 말한다. "마음이 분산되었기 때문이다." 예수님은 공생애 3년 동안 엄청난 분량의 일을 하셨지만 분주하거나 바쁘지 않았다. 그 이유는 메타인지가 탁월하셨기 때문이었다.

메타인지 향상을 위한 질문

메타인지 향상을 위한다면 먼저 자신에게 질문을 할 수 있어야 한다. 일반적으로, 문제해결 상황에서 인지의 주체가 자신의 인지능력에 대해 알고(know), 자신의 인지활동을 조절(regulation) 할 수 있는 능력을 일컫는 메타인지의 핵심은 자기 사고에 대한 비판적 사고를 할 수 있는 능력으로 자기가 사고한 결과로 생겨나는 행동과 상황을 정확하게 판단하고, 그 결과를 평가할 수 있는 능력이다.

그러므로 메타인지 능력이 높은 사람은 자신을 객관적으로 바라볼 수 있는 사람이다. 따라서 자신이 '사실이라고 믿는 것'과 '실제 있었던 사실'을 혼동하는 경우가 적다. 자신을 제 3자의 눈으로 바라볼 수 있고, 지금 자신이 편견을 갖고 판단하고 있는지, 또는 잘못된 사실을 얘기하고 있는지를 냉정하게 분석할 수 있다. 자신이 놓인 입장을 제대로 인식하고 질문할 수 있기 때문이다.

메타인지 향상을 위한 질문으로는 다음과 같이 3단계 인식(Recognition), 계획(Project), 모니터링(Monitoring)의 질문들이 있다.

인식(Recognition)
1. 나는 이 작업에 어떻게 접근하고 있는가?
2. 이 작업을 하면서 나는 무엇을 하고 있는가?
3. 이 작업의 내용을 이해하지 못할 때 나는 어떻게 할 것인가?
4. 작업 중 문제가 발생하면 나는 어떻게 할 것인가?
5. 나는 이 작업에 대해 어떤 생각을 갖고 있는가?

계획(Project)
1. 어떤 종류의 작업인가?
2. 목표는 무엇인가?
3. 이 작업에 필요한 정보는 무엇인가?
4. 이 작업을 하는 동안 어떤 문제가 생길 수 있고 그 때 어떻게 처리해야 하는가?
5. 어떤 전략이 도움이 될까?
6. 내가 가지고 있는 자원은 무엇인가?

7. 이 작업의 예상시간은 얼마인가?

8. 이 작업 내에 어떤 소단위 작업이 있는가?

9. 어떤 순서로 해야 하며 항상 내가 할 수 있는 게 무엇인가?

10. 누구와 어떤 작업에서 협조하여야 하는가?

11. 이 작업을 하는 동안에도 반드시 마감해야 할 다른 작업이 있는가?

12. 이 작업에서 배우고자 하는 바는 무엇인가?

모니터링(Monitoring)

1. 이 작업은 내가 하려고 했던 것인가?

2. 이 작업에서 무엇을 이해하지 못하는가?

3. 이 작업에서 다른 결과를 얻으려면 어떻게 했어야 했나?

4. 이 작업을 진행하면서 놓친 다른 작업은 없었는가?

5. 이 작업을 더 효과적으로 하기 위해 어떤 방식이 필요한가?

6. 작업환경 중에서 어떤 부분을 통제할 수 있는가? 예상치 못했던 도전에 어떻게 대응할 수 있는가?

7. 나는 이 작업에서 무엇을 배우고 있는가?

8. 이 작업을 통해 더 많은 것을 더 잘 배우려면 어떻게 해야 하는가?

9. 이 방식이 최선의 방식인가?

메타인지 향상을 위해서 '내가 우선 할 수 있는 게 무엇인가?', '그 밖에 또 무엇을 시도할 수 있나?', '전략이 유용하게 잘 추진되고 있는가?' 등 자신과 작업을 검토하는 여러 질문을 함으로써 어떤 생각이나 행위를 하는 동안에도 자신의 사고에 대해 사고하도록 상기시키는 것이 필요하다.

테필린복음 선포를 위한 질문

테필린복음을 선포할 때에도 그냥 하는 것은 의미가 없다. 테필린복음을 선포할 때에도 메타인지가 작동되어야 한다. 나는 테필린복음을 선포하기 전 후에 다음과 같은 질문이 필요하다고 생각한다.

1. 나는 지금 무엇을 하려고 하는가?
2. 나는 왜 테필린복음 선포를 하는가?
3. 나는 테필린복음 선포에서 무엇을 얻길 원하는가?
4. 하나님은 왜 우리에게 테필린복음 선포를 하라고 하셨을까?
5. 지속적으로 테필린복음 선포를 한 결과는 무엇인가?
6. 테필린복음 선포에서 개선할 것은 무엇인가?
7. 테필린복음 선포에서 더 많은 것을 배우려면 어떻게 해야 하는가?

이 질문들은 테필린복음 선포 시에 하는 질문들이다. 이 질문들은 테필린복음을 선포하는데 큰 의미를 제공한다. 이 질문을 통해 나는 테필린복음 선포의 놀라운 능력들을 발견하곤 한다. 또 이 질문들은 테필린복음을 지속할 수 있는 힘을 준다.

분명 메타인지는 선천적인 능력이 아닌 것은 분명하다. 메타인지는

IQ와는 달리 후천적인 습득으로 향상하게 된다는 이론을 쉽게 찾아 볼 수 있다. 이제 4차 산업혁명 시대는 메타인지 능력을 향상시키는 것은 선택이 아닌 필수라는 사실이다. 4차 산업혁명 시대는 메타인지 능력이 떨어지는 사람은 점점 적응이 어려워질 것이다. 지능지수(IQ)는 향상이 어렵지만 메타인지는 노력여하에 따라 얼마든지 향상시킬 수 있다. 중요한 것은 이것이다. 이렇게 중요한 메타인지를 어떻게 향상시킬 수 있는가 하는 것이다. 메타인지 향상을 위해 구체적으로 필요한 것이 무엇일까?

독서훈련을 해야 한다.

첫째로, 독서훈련을 해야 한다.

메타인지는 정말 중요하다. 메타인지를 갖고 있어야 성공하는 관성을 유지할 수 있다. 그러나 내가 모르는 것을 모르는 채로 계속 도전한다면 결국은 실패할 것이다. 다람쥐 쳇바퀴 돌듯 그 자리에서 맴돌게 될 것이다.

메타인지가 높다는 것은 자신이 무엇을 알고 모르는지 알 수 있는 것이고 그에 따라 단점을 최소화 할 수 있는 전략을 세울 수 있다는 점이다. 그 전략이 바로 독서이다. 독서는 모든 공부의 기초이며, 비판적 사고를 높일 수 있고, 새로운 정보를 얻게 하며, 객관적 시각을 갖게 한다. 즉 독서는 배경적 지식을 제공한다.

내부적으로, 독서는 지식과 정보를 얻고 인간관계의 이해를 도우며

사물에 대한 사고의 틀을 넓혀주는 활동이다. 독서는 독서의 목적이나 과제, 글의 성격과 내용, 독자의 성향 등 여러 가지 상황에 따라 영향을 받을 수 있으며 단순히 책의 내용을 이해하여 지식을 습득하는 것뿐만 아니라 폭 넓은 언어 능력의 발달과 정서적 안정, 인간관계의 이해 등에 많은 도움을 준다.

외부적으로, 독서는 동서고금의 서적을 통해 폭넓은 지식과 정보, 다양한 간접체험, 세상과의 소통의 효과를 얻을 수 있을 뿐만 아니라 사물과 세상에 대한 사고의 틀을 넓힐 수 있다. 나아가 독서는 다양한 간접경험을 통해 세상 살아가는 데 필요한 소중한 지혜를 습득할 수 있는 좋은 방편이기도 하다. 독서는 책 속에서 다른 사람의 인생을 읽고, 책 속에서 넓은 세상을 바라볼 수도 있다.

독서는 식사처럼 해야 한다

독서는 어떤 목적이 있거나 시간이 날 때 하는 것이 아니라, 매일 식사를 하듯이 꾸준하게 해야 한다. 일제 강점기 만주 하얼빈 역에서 조선 총독 '이토 히로부미'를 저격한 안중근 의사는 뤼순 옥중에서 "一日不讀書口中生荊棘(일일부독서구중생형극 : 하루라도 책을 읽지 않으면 입안에 가시가 돋는다)"는 붓글씨를 남겼다. 독서의 생활화가 얼마나 중요한지를 역설한 것이다.

사형당하기 직전에 사형 집행인이 안중근 의사에게 물었다. "죽기 전에 마지막 소원이 있으면 말하시오." 그러자 안중근 의사는 조금의 망설임도 없이 말했다. "5분만 시간을 주시오. 책을 다 읽지 못했소이다." 그리고 주어진 5분간 책을 읽은 뒤 집행인에게 "고맙다."라는 마지막 말을 남기고 담담하게 세상을 떠났다. 이렇게 독서는 내부적으로, 외부적으로 위대한 지식의 보고이며 배경적 지식이다.

메타인지를 향상시키는 독서방법

그렇다고 무조건 책을 읽는 것만으로는 부족하다. 책을 읽을 때에도 메타인지를 향상시키기 위해 노력해야 한다. 독서가 독서로 끝나지 않고 메타인지를 향상시키기 위해선 다음과 같은 질문을 할 수 있어야 한다. 이것이 독서를 통한 메타인지 훈련이다.

- 독서한 내용을 제대로 이해하지 못했거나 주의를 기울여 읽지 않았음을 알았을 때, 다시 돌아가서 읽고 있는가?
- 짧은 단락을 읽고 난 뒤 자신이 방금 읽은 내용을 자신의 말로 요약해 보았는가?
- 책을 읽을 때 요약 정리된 부분이나 연습 문제를 꼭 풀고 넘어가는가?
- 책에서 제시한 아이디어들을 서로 연계시켜보려고 노력하고 있는가?
- 자신이 모르는 용어가 나왔을 때 사전이나 검색을 통해 용어를 충분히 이해하는가?

- 읽은 자료들의 필요성에 대해 평가하고 적절히 분류해서 정리하는가?
- 독서의 시작과 끝을 기록하는가?
- 독서한 책의 중요성에 따라 반복해서 읽고 있는가?
- 책에서 중요한 부분에 밑줄을 치거나 메모를 하는가?

독서의 중요성은 앞에서 설명했다. 독서는 배경지식이다. 하브루타를 할 때 가장 필요한 것이 배경지식이다. 배경지식이 없이 하브루타를 하기 어렵다. 무조건 설명을 한다고 해도 효과가 나타나지 않는다. 모든 이치는 입력(Input)의 과정이 있어야 하고, 저장(Save)의 과정을 거쳐 출력(Output)하게 된다. 따라서 가장 효과적인 입력과정은 바로 독서이다.

그리스도인이라면 성경읽기와 성경암송을 해야 한다. 유대인들이 하브루타가 자연스러운 이유는 그들이 구약성경과 탈무드를 집중적으로 연구하기 때문이다. 그들은 '성경을 읽을 때 손가락으로 읽는다'라고 말한다. 눈으로만 읽는 것이 아닌 손가락으로 구약성경을 하나하나 짚어가면서 읽는다. 만약 이해가 되지 않으면 더 이상 진도가 나가지 않는다. 그 자리에 멈춰 선다. 그리고 그 부분을 집중적으로 공부하여 충분히 이해가 되었을 때 다시 읽기 시작한다.

알려진 바와 같이 유대인들은 어릴 때부터 성경암송을 한다. 유대인들은 만 3살 때부터 토라(Torah: 창세기, 출애굽기, 레위기, 민수기, 신명기)를 암송하면서 자연스럽게 성경을 익혀왔다. 사실 유대인의 성경인 '타낙'(Tanakh)중에서 가장 어려운 것이 토라이다. 토라는 읽기도 힘들 정도로 어려운 내용을 담고 있다. 그런데 유대인 아이들은 어릴 때부터 그 어려운 토라를 암송한다. 암송하다보니 자연스럽게 질문이 나오게 되고 대답이 나오게 되고, 토론이 나오는 과정에서 메타인지 능력을 키워 나가는 것이다.

또 유대인을 유대인으로 만드는 학문이 바로 탈무드(Talmud)이다. 탈무드는 진정한 의미에서의 뛰어난 문헌이며 웅장하고 화려한 역사의 모자이크다. 서양 문명을 낳은 문화 양식과 서양 문명을 지배하는 사고방식을 이해하려면 탈무드를 이해하지 않으면 안 될 것이다. 탈무드의 뿌리는 구약성경이다. 고대 유대인의 사상이라기보다는 구약성경을 해석하고, 구약성경을 삶에 적용한 것이 바로 탈무드이다.

탈무드는 읽기만 하는 것이 아니라 배우는 것이다. 더불어 탈무드는 "유대인을 지배한 영혼"이라고 한다. 탈무드란 '위대한 연구', '위대한 학문', '위대한 고전 연구' 등의 뜻을 갖고 있다. 탈무드가 편찬되기 전에는 구전으로 랍비들을 통해 학생들에게 전해 내려왔다. 그래서 내용 중 대부분이 질문하고 대답하는 문답 형식을 취하고 있다. 따라서 유대인들은 탈무드를 공부하면서 자연스럽게 하브루타를 익히게 된 것이다.

반면 우리 그리스도인들은 성경에 대한 진지한 연구보다는 횟수를 중요하게 여기는 편이다. 성경통독에서 '몇 번 읽었다' '몇 독했다' 등등 횟수에 지나치게 민감하다. 성경암송도 마찬가지이다. 성경암송사역을 하면서 가장 많이 들었던 질문은 "몇 절을 암송하느냐?"였다. 물론 중요할 수 있지만 숫자를 중요하게 여기다보면 대충의 결과를 초래한다. 결과 아무리 많이 읽어도 제대로 이해하지 못한다. 성경을 읽을 때 한 번을 읽어도 제대로 읽어야 한다. 그래야만 올바른 입력이 이루어진다.

또 그리스도인들은 성경지식을 스스로 성경을 읽어 얻는 것이 아니라 목사님의 설교나 성경공부에서 얻는 간접경험을 통해 얻으려 한다. 설교나 강의는 최소정보를 얻는 주입식 교육이다. 스스로 성경을 읽고 깨달아야 한다. 성경을 읽다가 이해되지 않는 부분에 부딪치게 되고 해결하면서 성경의 정보를 얻게 된다. 그 정보가 진정 유익한 정보이고 메타인지를 향상시키는 효과로 나타나게 될 것이다.

독서가 메타인지를 향상시키는 이유

독서는 배경지식을 선사한다. 독서 자체가 메타인지를 향상시키는 것도 있지만 독서를 통한 배경적 지식이 있어야 유입되는 새로운 정보를 이해할 수 있는 능력이 생기기 때문이다. 배경적 지식이 없는 사람은 이해능력이 떨어진다. 새로운 정보가 유입되어도 이해능력이 떨어지면 온전히 내 것으로 만들기 어렵게 된다. 따라서 독서를 통해 배경적 지식을 키워야 한다. 바로 여기서 메타인지 능력이 향상되는 것을 느낄 것이다.

이 과정에서 부익부 빈익빈(富益富 貧益貧) 현상이 일어난다. 독서를 하는 사람은 배경적 지식이 있으므로 다른 새로운 정보를 이해하고 저장할 수 있다. 꾸준한 독서는 더 많은 배경적 지식, 더 다양한 지식을 통해 새로운 정보를 이해하여 부익부의 현상이 된다. 이것이 바로 메타인지를 향상시키는 현상과 유사하다.

그러나 배경적 지식이 없는 사람은 새로운 정보가 유입되어도 그것을 이해하고 내 것으로 만들어 내는 능력이 없다. 인지의 빈익빈 현상이 일어나게 된다. 이것을 '냉혹한 인지세계'라고 정의한다. 새로운 정보가 기억되기 위해선 무조건 정보가 유입되는 것보단 배경적 지식이 있어야 하는 이유이다. 따라서 메타인지를 향상시키는 첫 걸음은 바로 독서를 하는 것이다.

기록을 해야 한다.

둘째로, 기록을 해야 한다.

'뚜렷한 기억보다 희미한 연필 자국이 낫다'라는 말이 있다. 또 '기록으로 남기지 않는 것은 기억에도 남지 않는다'는 말도 있다. 모두 기록의 중요성을 언급한 말이다. 세계적으로 유명한 천재들과 성공한 기업가들은 '기록'의 중요성에 대해 늘 말했다. 기록이 천재를 만들고 성공한 기업가를 만드는 힘이 된다.

'적는 것이 남는 것이다' 심지어 '적자생존' 즉 '적어야 살아남는다'는 식으로 말하며 메모하고 적고 기록하는 것이 강조되었던 때가 있었다. 아니, 그것을 강조하기 전에 당연하게 생각했던 때가 있었다. 하지만 핸드폰과 노트북이 일상생활 속에 깊이 들어오면서 우리가 생각하는 기록의 의미는 점점 바뀌어 가고 있다. 종이 편지가 사라진지 오래고, 자신의 글씨로 뭔가를 써서 전달하는 것에 사람들은 어색함을 감추지 못한다. 그렇다보니 혼자만의 일기조차도 핸드폰이나 노트북에 담는 것이 훨씬 익숙해졌다. 그렇다. 세상이 변화하면서 우리의 기록의 형태가 어떤 식으로든 바뀌는 건 어찌 보면 당연한 일인지도 모르겠다.

하지만 우리는 적는 것과 기록하는 것의 의미를 잘 구별할 줄 알아야 한다. 『김밥 파는 CEO』저자 김승호씨도 항상 자신이 이루고자 하는 것들을 기록해서 갖고 다닌다고 했다. 성장하고 발전하는 기업가들은 늘 기록을 강조한다. 『완벽한 공부법』의 저자인 신영준 박사나 고영성 작가도 항상 기록을 중요시한다.

"아이디어는 언제 어디서나 찾아온다"
"문제는 기억의 잉크가 순식간에 날아가 버린다는 것이다"

기록의 중요성을 표현한 미국의 컨설턴트이며 『개인과 조직의 혁신을 위한 변화 7단계』의 저자 롤프 스미스(Smith, Rolf)의 말이다. 펜과 종이 대신 노트북과 핸드폰의 시대에 살고 있는 우리에게 기록이라는 표현은 생소할 수도 있다. 기록은 아날로그적인 느낌이 들기 때문이다. 사실 지금도 우리는 끊임없이 기록하고 있다. 다만 기록한다는 표현 대신 '업데이트 한다', 혹은 '올린다'라는 표현을 주로 쓰고 있을 뿐이다. 우리는 여전히 기록의 시대에 살고 있다.

그럼에도 기록의 중요성이 강조되고 있는 이유는 어떤 기록을 어떻게 기록하고 있는지를 되짚어보기 위함이 아닐까? 기록이란 원하는 목표와 남기고 싶은 감정을 오랜 시간 생각한 후 정리하는 것이다. 즉 과거와 현재, 그리고 미래의 상황과 목표를 인지할 수 있게 하고 지속적으로 목표를 향해 달려갈 수 있도록 한다. 따라서 기록에는 간절한 염원이 담긴 만큼 기록 이후에도 지속적으로 품고 있을 줄 알아야 한다.

조지 뮬러(George Muller)는 '일평생 5만 번의 기도응답을 받았다'라고 말한다. 그런데 사람들은 그가 5만 번 기도응답을 받은 것에 대해서만 알기 원한다. 그런데 조지 뮬러가 5만 번의 기도응답을 받은 것은 알지만 그가 기도응답을 받았던 가장 중요한 사실은 간과한다. 그것은 바로 조지 뮬러가 기도를 일일이 기록했다는 것이다. 그렇기 때문에 5만 번 응답받은 것을 100년이 지난 지금도 알 수 있는 것이다. 만약 그가 기도를 기록하지 않았다면 5만 번을 받았는지, 5천 번을 받았는지 우리는 알 수 없을 것이다.

나는 나의 저서인『하늘 문이 열리는 파워 통성기도』에서 기도를 6단계로 적으라고 요청하고 부록으로 '기도노트'를 제공하고 있다. 나는 기도하는 것만큼 기도를 기록하는 것이 중요하다고 강조한다.

그 이유는 사람들은 자신이 기도해 놓고서도 기도응답을 받았는지, 받지 않았는지를 망각해 버리기 때문이다. 어떤 기도를 했는지 조차도 모른다. 그것이 바로 기도를 기록해야 하는 중요한 이유이다. 기도를 기록해야 하나님이 어떻게 응답하셨는지, 어떻게 기도했더니 어떻게 응답받았는지를 알게 되고 감사할 것이다. 또 기도가 발전하게 될 것이다. 기록하지 않은 기도는 본능적인 원시 기도에 불과하다.

무명시절 너무나 가난했기에 잘 곳 조차 마련하기 어려웠던 할리우드 스타 '짐 캐리'(Jim Carrey). 어느 날 그는 무작정 할리우드에서 가장 높은 언덕으로 올라가 수표책을 꺼내 이렇게 쓴다. "출연료 천만 달러를 짐 캐리에게 지불하라" 그리고 그 수표책을 무려 5년이나 지갑에 넣고 다녔다.

5년 후 짐 캐리는 〈마스크〉〈덤 앤 더머〉 등의 개런티로 이보다 훨씬 많은 1700만 달러를 받게 된다. 만약 짐 캐리가 그 수표책을 지갑에 넣고 다니지 않았다면 그런 성공이 없었을 수도 있고 또 성공을 했더라도 자신이 어떤 목표와 과정을 거쳐 정상의 자리에 서게 된 것을 본인조차 기억할 수 없을 것이다.

그저 적는 것과 기록이 다른 것은 이렇듯 결과가 다르기 때문이다. 기록을 한다는 것은 지금의 느낌과 꿈을 도망가지 못하게 붙잡아두는 것이다. 기록을 하기 위해서는 준비의 시간이 필요하다. 기록을 준비할수록 생각의 시간이 많아진다. 또 기록의 수정과 추가를 통해 생각의 변화를 알게 되면서 메타인지가 향상하게 되는 것이다.

머릿속에서만 생각하는 지금의 감정은 내가 잊어버리면 영원히 잊힐 것이다. 큰 의미가 없는 감정이라면 기꺼이 그렇게 잊혀도 무방하겠지만 지금의 이 감정이 인생의 터닝 포인트가 될 만큼 격정적이든지 혹은 마음을 움직인 사건이라면 변형되지 않고 잊혀지지 않게 기록해야 할 것이다.

꿈이 현실이 되기 위해서는 꿈을 기록해야 한다. 꿈은 기록할수록 길어지기 마련이고, 구체적이고 실천적으로 발전하기 때문이다. 구체적으로 발전할수록 더 많이 생각하게 되고 더 오래 마음에 품고 결국 실천하게 된다. 꿈을 기록하는 것만으로도 생각의 변천과정을 알게 될 것이고 보다 더 실제적인 꿈을 향해 나아가게 될 것이다.

기록이 메타인지를 향상시키는 이유

꿈이 실현되기 위해서는 실천이 필요하고 실천은 구체적인 기록을 전제로 가능하다. 의미 있는 생각이 머릿속을 두드린다면 놓치지 말라. 기록으로 그 생각을 붙잡으라. 이것이 바로 메타인지 능력을 향상시키는 힘이 될 것이다.

기록이 메타인지를 향상시키는 이유는, 기록을 해보면 문장 속에서 인지적 오류를 발견할 수 있기 때문이다. 자신이 기록한 문장을 시간을 두고 찬찬히 읽다보면 정리되지 않은 논리를 발견하게 될 것이다. 앞뒤가 맞지 않는 논리를 발견하게 될 것이다. 옳다고 기록했는데 틀린 정보를 찾아내게 될 것이다.

또 위와 아래의 서로 다른 주장이 발견되기도 한다. 이러한 오류를 발견하는 과정이 바로 메타인지가 향상하는 시간이다. 기록하는 과정에서 정리를 하면서 메타인지를 향상시키기도 한다. 또한 기록 후에 자신이 기록한 문장을 살펴보면서 메타인지가 향상하게 되는 결정적 이유가 된다. 기록은 과정에서도 메타인지를 향상시키지만 기록 후에 문장을 살펴보고 수정을 하는 과정에서 다시 한 번 메타인지의 향상효과를 누릴 수 있을 것이다.

설명할 수 있어야 한다

셋째로, 설명할 수 있어야 한다.

메타인지를 향상시키는 가장 탁월한 방법은 설명을 하는 것이다. 설명을 해보면 안다. 설명을 하다보면 내가 아는 것 모르는 것, 필요한 것과 필요하지 않은 것, 아는 것과 잘 아는 것이 무엇인지를 비로소 알게 된다.

메타인지를 향상시키는 가장 좋은 방법은 내가 다른 사람에게 설명을 해보는 것이다. 독서를 통해 배경적 지식을 쌓는 것도 필요하고, 기록을 통해 과거와 현재, 그리고 미래의 상황과 목표를 인지하는 것도 필요하다.

그러나 가장 실제적인 방법은 자신을 실험해 보는 것이다. 내가 선생님이 된 것처럼 다른 사람들에게 설명해보면 아는 것과 모르는 것의 구분이 명확해지고, 안다고 착각했던 것을 파악하게 된다. 실제로 설명을 해보면 내가 아는 것과 모르는 것의 구분이 명확해지고 내가 알고 있던 지식들이 인과관계, 즉 원인과 결과의 관계를 그리면서 정리가 된다.

무엇인가를 말로 설명해보면 알게 된다. 듣기만 하여 지식을 집어넣는 것과는 달리 말로 설명하다보면 내가 아는 것과 모르는 것, 필요한 것과 필요하지 않은 것이 생각으로 정리가 되는 것을 느끼게 된다. 그것이 바로 메타인지가 작동하기 때문이다.

머리에서는 알고 있고 이해하고 있다고 생각했는데 막상 설명하려다 보니 안 된다면 그것은 내가 알고 있다고 착각한 것이다. 이해하고 있다고 착각한 것이다. 하브루타를 설명하는 소개문에는 '설명할 수 없다면 아는 것이 아니다'라는 말이 있다. 납득하기 어렵겠지만 설명하지 못하는 것은 모르는 것과 같다.

성적이 낮은 학생들의 특징이 있다. "알았나요?"라고 물어보면 "예"라고 대답한다. 그러나 막상 설명을 해보라고 하면 못하다가 "잘 모르겠습니다"라고 대답하는 순간 비로소 자신이 모르는 것을 인지하게 된다. 자신이 아는지 모르는지를 모르는 채 선생님에게 들어봤다는 기억이나 어디서 본 듯한 익숙한 느낌을 알고 있는 내용이라 착각하고 넘어가게 된다. 일종의 착각학습을 하는 것이다.

설명할 수 있어야 아는 것이다

단순히 알고 있다고 생각하며 머릿속에 담아두는 것은 완전한 나의 지식이 아니다. 설명할 수 있어야 내가 사용할 수 있는 지식이 되는 것이다. 이것은 배운 내용에 대한 완벽한 이해와 습득이 없다면 설명하는 것은 불가능하다. 설명을 하다보면 내가 이해하고 있는 부분과 이해하지 못하는 부분을 스스로가 확인할 수 있게 된다. 이것이 바로 메타인지의 시작이다.

설명하는 것은 기존의 방법으로 공부할 때와는 다르게 머릿속에 있는 지식을 말로 하는 행위를 거쳐야 한다. 듣고 쓰는 것뿐만 아니라 말로 설명하는 것 그리고 실제로 타인에게 직접 해보는 것이 더욱 높은 학습효과를 가져오게 된다.

미국 행동과학연구소(NTL)에서 발표한 '학습효과 피라미드'에 따르면, 강의를 들으면서 공부를 한 학생의 경우 24시간 이후에 5%를 기억한 반면, 서로 설명해주는 방식으로 공부를 하면 최대 90%까지 기억했다.

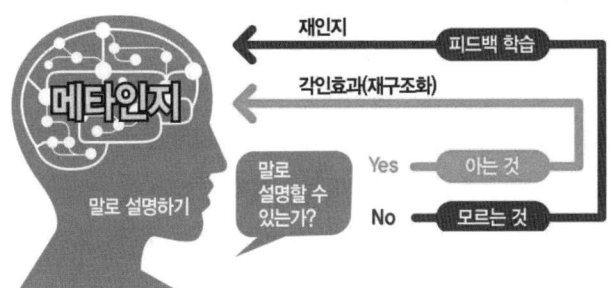

메타인지를 향상시키는 가장 탁월한 방법은 '말로 설명하기'이다.

두 가지 종류의 지식

아주대학교 인지심리학 교수인 김경일 교수는 "사회생활에 필요한 자기 성찰력, 문제 해결력, 추진력 등도 '메타인지'의 범주에 속하기 때문에 메타인지는 청소년뿐 아니라 성인에게도 매우 중요한 능력"이라고 강조했다. 더구나 IQ 같은 기초 사고 능력은 상당 부분 타고나며 일정한 시기가 지나면 거의 변하지 않지만, 메타인지는 노년기까지도 지속적으로 발달(혹은 퇴보)할 수 있는 능력이라는 점에서 더욱 주목할 만하다고 했다.

인지심리학자들은 세상에는 두 가지 종류의 지식이 있다고 말한다. 첫째는 '안다고 생각하지만 남에게 설명할 수 없는 지식'이고, 둘째는 '안다고 생각하며 남에게도 설명할 수 있는 지식'이다. 인지심리학자들은 이 가운데 후자가 '진짜 자기의 지식'이라고 한다. 설명할 수 없다면 아는 것이 아니라는 하브루타의 논리가 그대로 적중한 것이다.

즉, 메타인지를 향상시키는 가장 효과적인 훈련은 바로 '설명'에 있다. 설명하는 과정을 통해서만 메타인지를 점검하고 발달시킬 수 있다는 것이다. 공부한 것, 습득한 지식, 읽은 내용 등에 대해 설명하지 않으면 메타인지는 절대로 발달하지 않는다는 것이다. 정말 그렇다면 우리는 주입식 교육이 얼마나 무기력한 교육이었는지, 또 우리의 교육효과가 왜 떨어졌는지를 분명하게 알 수 있다.

설명은 어떤 과정을 포함하는가? 그 핵심에는 내가 설명하고자 하는 그 대상에 대한 본질적 이해에 있다. 즉, 이해가 수반되지 않으면 설명은 불가능하다. 그리고 설명을 해 나가면서 자연스럽게 내가 이해하고 있지 못하는 부분을 스스로 확인할 수 있다. 설명을 하려면 "아, 이것은 이래서 그런 거구나."라는 느낌이 들 정도까지 이해를 해야 하며 그런 느낌은 기억에도 정말 오래 남을 수밖에 없다. 그렇다면 설명은 무엇을 필요로 하는가? 눈이 아닌 입이다. 입을 열어서 설명해 보아야 한다. 주위에 다른 사람이 없다면 나 자신에게라도 설명을 해보아야 한다. 내가 실제로 모르고 있는 것들이 일목요연하게 발견이 되며 무엇을 해야 할 지도 자연스럽게 정리가 이루어진다.

테필린복음이 해답이다

나는 그리스도인들이 성경 말씀을 설명할 수 있어야 한다고 주장한다. 설명되지 않은 성경말씀은 아는 것이 아니다. 그리스도인들이 왜 전도현장에서 실패하는가? 여러 이유가 있겠지만 대부분의 경우는 복음, 즉 복음에 대한 말씀을 설명하지 못하기 때문이다. 복음에 대해 이미 수천 번 들었고, 또 다 안다고 생각하지만 설명해 보라고 하면 설명하지 못하는 것이 한국 그리스도인의 현주소이다.

자신의 전공분야에 대해선 밤이 새도록 설명할 수 있지만 예수님에 대해, 하나님에 대해, 성령님에 대해 설명해 보라고 했을 때 채 5분도 되지 않아 설명이 끝난다. 그것은 아는 것이 아니다. 안다고 착각하는 것이다. 누가 예수님에 대해 설명해 달라고 했을 때 채 5분도 설명하지 못한다면 그것은 아는 것이 아닌 안다고 착각하는 것이다.

〈15분의 기적 테필린복음〉과 〈15분의 기적 테필린복음 핸드북〉으로 구성되어 있다.

그런 면에서 내가 집필하여 이미 널리 알려진 〈15분의 기적 테필린 복음〉은 개인 신앙의 회복은 물론 전도나 복음에 대해 매우 유익한 책으로 인정받고 있다. 테필린(Tefillin)은 하나님이 친히 제정하신 4개의 바구니이다. 구원의 바구니, 헌신의 바구니, 신앙계승의 바구니, 축복의 바구니로 구성되어 있다. 이 바구니에 말씀을 담는 것이다.

유대인들이 성경암송을 하고, 하브루타를 하게 된 것도 테필린의 명령 안에 있다. 유대인들이 모진 유랑생활과 박해에도 살아남을 수 있었던 것도 테필린 때문이다. 성경의 핵심 4가지가 바로 구원, 헌신, 신앙계승, 축복이기 때문이다. 제대로 신앙생활을 하길 원한다면 테필린의 4개 핵심을 알면 된다.

〈15분의 기적 테필린복음〉에는 테필린과 테필린복음을 소개하는 해설과 함께 구원의 바구니에 100절, 헌신의 바구니에 100절, 신앙계승의 바구니에 100절, 축복의 바구니에 100절이 담겨 있다. 총 400절의 성경말씀이 담겨 있는데 그냥 나열된 것이 아닌 질문이 있고 그 질문에 대한 성경말씀이 준비되어 있다. 따라서 질문하고 성경말씀으로 대답하는 것이다. 하루에 15분을 내어 100절의 말씀을 구원부터 축복까지 순서에 맞게 돌아가며 선포하면 되는 방식이다. 각 주제별로 1절씩 샘플(Sample)을 소개한다.

구원의 말씀

33. 예수님이 세상에 오신 목적이 무엇입니까?

요한복음 10:10

도둑이 오는 것은 도둑질하고 죽이고 멸망시키려는 것뿐이요 내가 온 것은 양으로 생명을 얻게 하고 더 풍성히 얻게 하려는 것이라(요 10:10)

헌신의 말씀

19. 우리를 구원하신 목적은 무엇입니까?

에베소서 2:10

우리는 그가 만드신 바라 그리스도 예수 안에서 선한 일을 위하여 지으심을 받은 자니 이 일은 하나님이 전에 예비하사 우리로 그 가운데서 행하게 하려 하심이니라(엡 2:10)

신앙계승의 말씀

26. 어떤 자세로 달려가야 합니까?

사도행전 20:24

내가 달려갈 길과 주 예수께 받은 사명 곧 하나님의 은혜의 복음을 증언하는 일을 마치려 함에는 나의 생명조차 조금도 귀한 것으로 여기지 아니하노라(행 20:24)

축복의 말씀

100. 우리는 어떻게 복을 이어받을 수 있습니까?
베드로전서 3:9
악을 악으로, 욕을 욕으로 갚지 말고 도리어 복을 빌라 이를 위하여 너희가 부르심을 받았으니 이는 복을 이어받게 하려 하심이라(벧전 3:9)

연결된 지식 vs 단절된 지식

이런 방식으로 각 주제별로 100절의 말씀이 담겨 있다. 이렇게 준비된 말씀을 질문하고 말씀으로 대답하다보면 그 말씀이 입체적으로 기억되는 것을 알 수 있다. 또 400절의 말씀이 별개의 말씀이 아닌 연결되어지는 것을 알게 된다. 구원으로부터 시작하여, 헌신을 거쳐 신앙계승으로, 그리고 최종적으로 축복으로 인도함을 받게 되면서 성경말씀이 파노라마처럼 우리 속에서 펼쳐진다. 결국 설명할 수 있는 지식이 되는 것이다.

하나님의 말씀이 상호 간에 연결이 되면 능력이 된다. 단절된 지식은 지식이 아니다. 설명할 수 없는 것이 아는 것이 아니라는 것은 지식이 단절되었기 때문이다. 구원도 어느 정도 알고, 헌신도 어느 정도 알고, 신앙계승도 어느 정도 알고, 축복도 어느 정도 알고 있지만 연결되지 않으면 아무 소용이 없다. '구슬이 서 말이라도 꿰어야 보배'라는 말이 있듯이 하나님의 말씀도 꿰어야 보배가 된다. 단절된 지식으로는 아무 것도 할 수 없다.

이런 방식으로 400절의 말씀을 암송하게 되면 어느 누구를 만나도 두렵지 않다. 심지어 이단을 만나도 물러서지 않는 지식과 분별력으로 대응할 수 있다. 누군가 복음에 대해 설명해 달라고 하면 그 말씀으로 설명하면 5분이 아니라 5시간도 설명할 수 있는 연결된 지식을 갖게 된다. 연결된 지식만이 진짜 지식이다.

수많은 강단에서 하나님의 말씀이 선포되고 있지만 그 말씀의 문제점은 연결되지 않는다는 것이다. 앞에서도 설명했지만 단절된 지식은 진짜 지식이 아니고 그리스도인을 무기력하게 만든다. '어! 그 말씀 아는 것 같은데….' 그러나 설명해 보라고 하면 설명하지 못한다. 예배에 대해, 믿음에 대해, 사랑에 대해, 구제에 대해, 선교에 대해 수 천 번 설교를 들었어도 막상 설명해 보라고 하면 설명하지 못한다. 그것은 강단에서 연결된 지식이 아닌 단절된 지식을 주었기 때문이다.

당장 〈15분의 기적 테필린복음〉을 적용하여 각 바구니에 담긴 말씀들을 질문하고 대답해 보라. 이미 이 책이 전국의 많은 교회들과 이민교회에서 이 말씀을 선포하면서 수많은 기적들과 함께 간증들이 쏟아지고 있다. 사람들이 변화되고, 자녀들의 신앙이 회복되고, 교회가 부흥하고 있다는 이야기를 듣는다.

그러나 그것보다 더 중요한 것은 하나님의 말씀을 설명할 수 있다는 것이다. 이것만큼 위대한 것은 없다. 하브루타의 성공도 바로 여기에서 시작된다. '구슬이 서말이라도 꿰어야 보배'라는 말처럼 하나님의 말씀을 설명할 수 있다는 것은 능력 중 가장 큰 능력이다. 하나님의 말씀을 연결하여 설명할 때 놀라운 일이 일어난다. 예수 그리스도를 영접하게 되고, 심령이 변화되고, 부흥이 일어나게 된다. 직접 체험해보라.

메타인지를 극대화시키는 하브루타

유대인들이 세계 최고의 자리를 석권하게 된 것은 그들의 교육법에 있다. 바로 하브루타(Havruta)로 질문하고, 대답하고, 토론하는 학습법이다. 현존하는 세계 최고의 학습법으로 인정받고 있다. 이제까지는 하브루타가 최고의 학습법으로만 알고 있었지만 하브루타의 능력이 학습법에만 국한된 것이 아니었다. 하브루타는 메타인지를 향상시키는 최고의 훈련이다. '서로 설명하기'라는 하브루타가 아는 것과 모르는 것, 아는 것과 안다고 착각하는 것, 아는 것과 제대로 아는 것을 파악하는 메타인지를 극대화시킨다는 것이다.

모든 열정을 다 바쳐 노력해도 실패하는 사람이 있다. 그 이유는 아쉽게도 메타인지 능력이 부족하기 때문이다. 즉, 무엇이 필요한지, 무엇을 해야 하는지, 무엇이 부족한지를 정확히 모르고 열정과 노력만 쏟아 부었기 때문이다. 물론 열정과 노력만으로도 성공할 수 있다. 하지만 필요한 것, 해야 하는 것, 부족한 것을 정확히 파악할 수 있다면 자신이 열정을 쏟아 부어야 할 부분이 명확하기 때문에 실패 가능성은 낮아지고 성공 가능성은 더욱 높아질 것이다.

메타인지 vs 하브루타

그럼 어떻게 하브루타를 통해 메타인지를 향상시킬 것인가? 하브루타를 열심히 하면 메타인지가 상당 부분 향상되겠지만 메타인지를 좀 더 효과적으로 향상시키는 방법은 그 원리에 있다는 사실이다.

메타인지는 아는 것이 무엇이고 모르는 것이 무엇인지, 아는 것이 무엇이고 안다고 착각하는 것이 무엇인지, 아는 것이 무엇이고 잘 아는 것이 무엇인지를 파악하는 인지능력을 말한다고 했다. 즉 메타인지는 질문인 것이다.

질문은 대답을 필요로 한다. 그리고 대답은 해답을 찾아 나서게 된다. 그것이 바로 하브루타이다. 메타인지가 질문이라면 그 질문에 대답하고 토론하고 논쟁하면서 해답을 찾아 나서게 되는 것이다. 질문이 질문에서 그치면 메타인지는 향상되지 않는다. 메타인지는 질문을 만들고 하브루타는 대답을 준비한다. 그리고 그 대답은 토론과 논쟁을 거쳐 해답을 향하게 된다. 이 과정 속에서 메타인지가 향상되는 것이다.

우리는 질문에서 정답을 찾는 것이 아니라 해답을 찾는 것이다. 흔히 얘기하는 자연과학에서는 정답이 존재한다. '1+1=2'라는 누구도 반박할 수 없는 명확한 논리가 존재한다. 하지만 신학이나 경영학, 그리고 사회과학에는 정답이 없다. 현명한 판단을 할 수 있는 해답이 있을 뿐이다. 모든 사람을 만족시킬 수는 없지만 과반수이상 즉, 50.1% 만족시킬 수 있는 해답이 존재하는 것이다.

따라서 무엇을 이루기 위해 노력하기 전에 우선 메타인지 능력을 향상시키는 것이 먼저라는 사실이다. 이렇듯 각 분야에서 가장 중요한 것은 메타인지이다. 공부하는 학생, 국가대표팀의 감독, 프로야구팀의 감독, 교회의 목회자나 교인들에게 가장 중요한 것은 메타인지 능력이다. 메타인지 능력은 기억력, 집중력, 이해력 같은 인지능력보다 더 중요하다. 메타인지 능력보다 더 중요한 것은 없다. 내가 얼마나 알고 있는지를 인식하는 또 다른 능력, 흔히 메타인지, 상위인지라 부르는 인지능력이 절실한 것이다.

너 자신을 알라

역사상 가장 위대한 철학자로 불리는 소크라테스(Socrates)의 '너 자신을 알라'(Know yourself)의 말이 새삼 중요함을 느끼게 된다. 우리가 철학(哲學)의 '철'자도 모를 때부터 귀에 딱지가 앉을 정도로 듣던 말이지만 우리는 그 말의 의미를 모르고 있었다. 안다고 착각을 했다는 말이 더 정확한 말이다.

과연 '너 자신을 알라'는 말이 왜 명언으로 남을 만큼 중요했을까? 그것은 우리가 자기 자신을 너무나 몰랐기 때문이다. 소크라테스는 언제나, 어디서나, 누구나 지켜야 할 보편적 진리가 있다고 가르쳤다. 그 진리에 도달하는 방법은 질문과 대답을 통한 대화였다. 소크라테스는 사람들이 붐비는 거리와 광장에서 아무에게나 질문을 던졌다. 그 질문은 거침없고 끊임이 없었다. 대화 상대는 결국 자기 생각의 허점을 스스로 깨닫고 무엇이 옳고 그른지 알게 되었다고 한다. 그는 지식을 가르치기보다 상대에게 실마리를 주고 스스로 지식을 찾아내도록 이끈 것이다.

그런데 이런 대화가 성공하려면 대화하는 상대가 반드시 알고 있어야 할 사실이 있다. 바로 소크라테스의 가장 유명한 말 '너 자신을 알라'이다. 어떤 자신을 알아야 하는가? 아무것도 모르는 자신을 똑바로 알고 있어야 한다. 인간의 지식은 진리에 비하면 아주 작은 부분에 지나지 않기 때문이다.

사람은 자신이 아무것도 모른다는 것을 알게 됐을 때 한없이 겸손해진다. 그러면 진리를 열렬히 사랑하게 되고, 또 진리를 얻기 위해 부단히 노력하게 된다. 바로 그때 사람은 진정한 행복에 도달할 수 있다. 소크라테스는 자신이 다른 철학자들보다 나은 점이 있다면 그것은 '자신이 아무것도 모른다는 것을 잘 알고 있다는 것'이라고 했다. 가장 중요한 것은 자신이 모른다는 것을 깨닫는 것이었다.

그리스도인의 신앙은 자기를 부인하는 것

그리스도인의 신앙도 마찬가지이다. 예수님은 누구든지 예수님을 참되게 따라가는 그리스도인이 되려면 자기를 부인하고 자기 십자가를 가지고 따라야 한다고 명령을 하셨다.

> 이에 예수께서 제자들에게 이르시되 누구든지 나를 따라오려거든 자기를 부인하고 자기 십자가를 지고 나를 따를 것이니라(마 16:24)

이 말씀은 자신에 대한 바른 이해가 없이는, 예수님을 바르게 따를 수가 없고, 따르지도 않는다는 말씀이다. 그렇다면 자신에 대한 바른 이해와 깨달음이란 어떻게 깨닫는 것인가? 어떻게 되어야 자기를 부인하고, 자기 십자가를 지게 되도록 자기를 바르게 깨달을 수가 있는 것인가?

자신이 죄인이라는 사실을 아는 것이다. 곧 하나님의 앞에서 자기는 축복이 아니라 영원한 저주를 받아야 할 사람이며, 지옥에 가야 마땅한 사람이며, 십자가에 못 박혀 죽어야 할 사람이며, 하나님의 무자비한 형벌을 받아야 마땅한 존재라고 하는 것을 깨닫는 것이 자기를 바르게 깨닫는 것이다.

그리고 하나님의 불타오르는 미워하심을 받기에 너무나 당연하고, 하나님의 거룩한 불에 태워져야 할 존재, 하나님의 원수이며, 천국은 커녕 지옥에 던져져서 그 죄의 값을 영원히 갚아도 갚을 수 없는 존재이며, 지혜라고는 전혀 없는 무지한 사람이며, 어리석은 자, 무능력한 사람이며, 악한 사람이며, 더러운 사람이며, 비참한 사람이며, 부끄러운 사람으로 거룩하시고 정결하신 하나님 앞에는 감히 설 수 없고, 고개를 들 수 없으며, 당장 숨을 곳을 찾아야만 하는 존재라는 것을 깨닫는 것이 자신을 바르게 깨닫는 것이다. 또한 복음의 진정한 의미가 무엇이며, 하나님의 은혜가 무엇인지를 깨닫는 것이다.

> 이 복음이 이미 너희에게 이르매 너희가 듣고 참으로 하나님의 은혜를 깨달은 날부터 너희 중에서와 같이 또한 온 천하에서도 열매를 맺어 자라는도다(골 1:6)

어떤 신학자는 '깨달음'을 불교의 용어라고 주장한다. 그래서 하나님의 은혜를 깨닫고, 복음을 깨닫고, 말씀을 깨닫는다고 하면 '기독교를 불교화한 것'이라고 비하한다. 과연 그럴까? 불교는 깨달음의 종교이다. 해탈을 위해 세 가지의 보편적 진리와 사성제, 그리고 팔정도(八正道)와 12인연설 등을 깨달아야 한다고 주장한다.

그러나 성경은 하나님의 은혜를 깨달아야 한다고 주장한다. 이것은 불교의 깨달음과 다르다. 기독교를 불교화한 것도 아니고 인생의 고난과 해탈을 깨닫는 것도 아니다. 죄인인 내가 하나님의 은혜를 깨닫는 것이다. 죄인이었던 내가 하나님의 은혜로 구원받고 하나님의 자녀가 되는 놀라운 깨달음이다. 이것이 바로 복음의 메타인지이다.

다음 장에서는 메타인지와 하브루타와의 연관성을 설명하려고 한다. 내가 아는지 모르는지, 아는지 안다고 착각한 것인지, 옳은지 그른지, 중요한지 덜 중요한지를 파악하고 질문하는 것이 메타인지라면, 그 질문에 대답하고 설명하는 하브루타를 소개하려고 한다.

메타인지
이해를 돕는 질문

01 메타인지를 접한 소감을 설명하시오.

02 당신이 자주 겪고 있는 인지적 오류는 무엇입니까?

03 인지적 오류로 인해 당신이 발전하지 못하고 정체되거나 퇴보되었던 일을 설명하시오.

04 아는 것과 안다고 착각하는 것을 파악하는 방법은 무엇이며, 안다는 착각이 위험한 이유를 설명하시오.

05 당신은 메타인지 향상을 위해 어떤 실천방안을 생각하고 있습니까?

06 메타인지의 향상이 당신에게 어떤 영향을 줄 것이라고 생각하십니까?

07 메타인지를 통한 올바른 신앙형성의 과정을 설명하시오.

2부

하브루타(Havruta)란 무엇인가?

# 2부
하브루타(Havruta)란 무엇인가?

학교는 학문을 위한 교육의 장이다

한 초등학생 소녀가 학교에 가자마자 담임선생님에게 길에서 주워 온 야생화를 내밀며 꽃의 이름이 무엇인지 질문했다. 선생님은 꽃을 한참 보시더니 말했다.

"미안해서 어떡하지, 선생님도 잘 모르겠는데 내일 알아보고 알려줄게."

선생님의 말에 소녀는 깜짝 놀랐다. 선생님은 세상에 모르는 게 없을 거라 믿었기 때문이다. 집으로 돌아 온 소녀는 아빠에게 말했다.

"아빠! 오늘 학교 가는 길에 주운 꽃인데 이 꽃 이름이 뭐예요? 우리

담임선생님도 모른다고 해서 놀랐어요."

"그래? 그런데 이 꽃이 무슨 꽃일까? 아빠도 처음 보는 꽃인데 정말 아름답구나. 내일 선생님이 알려주신다고 했으니까 꼭 알아오도록 해. 그리고 아빠에게도 알려줘야 해. 알았지?"

소녀는 다시 깜짝 놀라고 말았다. 믿었던 아빠도 꽃 이름을 모른다는 것이었다. 왜냐하면 소녀의 아빠는 식물학 전공 교수였기 때문이다.

다음 날, 학교에 간 소녀를 담임선생님이 불렀다. 그리고는 어제 질문한 꽃에 대해 자세히 설명해 주셨다. 소녀는 아빠도 모르는 것을 잊어버리지 않고 알려준 선생님이 역시 대단하다고 감탄했다.

그런데 사실은 어젯밤 아빠가 선생님에게 전화하여 그 꽃에 대해 자세한 설명을 해 주었던 것이었다. 아빠는 그 꽃이 무엇인지 당연히 알고 있었지만 딸이 어린 마음에 선생님께 실망하지 않을까 걱정이 되었던 것이다.

이렇듯 학교에서의 교육이 중요했고 가정과 잘 연계되어 조화를 이루었다. 학교에서는 학문을 위한 교육이 이루어졌고 가정에서는 선생님을 존경하도록 가르치면서 서로 협력했다. 군사부일체(君師父一體)라는 말은 학교 교육과 선생님의 중요성을 알려주는 순서라고 할 수 있다.

신앙교육의 시스템은 다르다

그러나 신앙교육은 다르다. 신앙교육은 교회가 아닌 가정에서 시작해야 한다. 신앙교육은 가정에서 이루어지고 교회와의 협력으로 성공에 이르게 된다. 이것이 하나님의 법칙이다. 하나님은 가정을 먼저 창조하시고 오랜 시간이 지난 후 교회를 세우셨다.

앞에서 학교교육을 설명했던 것은, 학문을 위한 교육은 교육전문가인 교사들에 의해 이루어져야 할 당위성을 설명하기 위함이었다. 가정은 학교교육을 지원하여 학생들의 학업효과를 높이고 학생을 가르치는 교사들의 권위를 인정하여 효과적인 학습공간을 이루어지게 한다.

그러나 신앙교육은 정반대이다. 신앙교육은 가정에서 시작해야 하고 교회는 가정의 신앙교육을 지원해서 하나님의 사람으로 양육하도록 지원해야 한다. 문제는 한국의 교회나 가정이 이렇게 생각하지 않는다는 것이다. 학문을 위한 교육처럼 교회에 전적으로 위임하고 부모들은 역할을 감당하지 않으려 한다. 결국 자녀들은 매주 1~2시간 정도의 예배 및 교육만으로 신앙생활을 했다는 인지적 오류를 범하게 된다. 이런 착각이 교회를 약화시키는 악순환의 반복을 만들어 낸다.

실제적으로 자녀들의 신앙계승, 교회의 부흥은 교회교육만으로는 불가능하다는 사실은 명백하다. 1주일에 70시간의 학업시간에 비해 70분의 신앙교육은 절대적으로 부족하다. 가정에서의 신앙교육의 시간을 만드는 것만이 자녀들의 신앙계승의 성공과, 한국교회의 부흥을 다시 일으키는 유일한 방법이다. 시스템을 바꾸어야 한다는 결론이다.

지금까지 교회를 통한 신앙교육이 성공을 거둔 것은 한국을 위한 하나님의 특별한 은혜였다. 지난 130년 동안 하나님은 한국을 선교한국으로 사용하시기 위해 특별하고 변형적인 은혜를 베푸신 것이다. 선교

초기 한국은 자녀들이 먼저 교회에 나와 신앙생활을 시작했고, 부모들은 신앙을 반대하는 입장에 있었기 때문이었다.

자녀들의 신앙계승을 교회가 감당하지 못한다

그러나 이제는 상황이 달라졌다. 이제는 부모들이 먼저 신앙을 가진 상황이 되었다. 따라서 자녀들의 신앙계승과 한국교회의 부흥은 가정에서 시작해야 한다. 가정에서의 신앙교육 없이 교회교육만으로 신앙계승은 불가능하다. 그럼에도 한국교회가 침체되고 자녀들의 신앙계승이 무너진 첫 번째 책임은 가정에 있지만 결국은 교회의 책임이다. 교회가 가정에서의 신앙교육을 지원하지 않고 선점(先占)하려고 했기 때문이다.

'교회 중심의 신앙생활' 이것은 엄청난 착각이다. 그동안 교회가 했던 일들은 교인들을 최대한 교회에 잡아 두려고 했다. 주일예배, 수요예배, 금요철야기도회, 매일 새벽기도회를 비롯하여 각종 성경공부와 전도 프로그램 등을 교회에서 시행했다. 물론 교회는 순수하고 거룩한 동기로 교인들의 신앙을 돕는 것이었지만 결과적으로 교회의 체질을 약하게 하고 자녀들의 신앙계승을 실패하게 했다. 물론 순수한 동기에서 시작한 일이지만 한편으로는 교인들을 방치하면 안 된다는 관리차원도 한몫을 했다.

교인들의 삶은 교회 중심의 삶이 될 수밖에 없었다. 남편이 퇴근 후 집으로 돌아오면 그 시간 아내는 교회에 있을 때가 많았다. 가족들과의 대화시간은 점점 짧아지고 가정 속에서의 신앙생활은 이루어질 수 없는 구조가 되었다. 아빠는 아빠대로, 엄마는 엄마대로, 자녀들은 자녀대로 분리된 시간을 갖게 되었다. 결과 가정예배는 사라지고 자녀들의 신앙계승은 교회에 의탁한 채 실패를 기다릴 수밖에 없는 처지가 되었다.

그러나 지금 자녀들의 신앙계승은 교회가 감당할 수 없는 시스템이다. 1주일에 70분이라는 짧은 신앙교육 시간은 신앙계승에 절대적으로 부족한 시간이다. 교회는 이제 신앙계승이 가정에서 시행되도록 지원하고 권해야 한다. 또 그렇게 되도록 시스템을 바꾸어야 한다. 자녀들이 교회에 머무르는 70분으로는 수직적 신앙계승에 실패할 수밖에 없는 시스템이다. 만약 결과가 좋지 않다면 원인이 무엇인지 메타인지하고 시스템을 바꾸는 방향으로 나아가야 한다.

교회는 늦었지만 지금이라도 새로운 시스템을 도입해야 한야 한다. 교회가 하려고 하지 말고 가정이 하도록 지원하는 시스템으로의 전환이다. 교회는 수직적 신앙계승이 이루어지도록 격려하고, 지원하고, 때로는 손을 놓을 줄도 알아야 한다. 독점하지 말고 손을 놓는 것이 자녀들이 사는 것이고, 가정이 회복되는 방법이고, 교회가 다시 부흥되는 유일한 방법이다. 그 이유를 지금부터 설명하려고 한다.

수직적 신앙계승 vs 수평적 신앙계승

신앙계승에는 두 방향의 신앙계승이 있다. 하나는 수평적 신앙계승이다. 신약적 신앙계승이라고 한다. 다른 하나는 수직적 신앙계승이다. 수직적 신앙계승을 다른 말로 구약적 신앙계승이라고 한다.

먼저, 수평적 신앙계승이다. 수평적 및 신약적 신앙계승은 예수님이 사도행전 1장 8절의 말씀, 마태복음 28장 19절부터 20절 말씀, 마가복음 16장 15절부터 16절의 말씀에 기반을 둔다. 예수님은 승천하시면서 지상대명령(Great Commission)을 우리에게 위임하셨다. 모든 민족을 제자로 삼아 아버지와 아들과 성령의 이름으로 세례(침례)를 베풀고 가르쳐 지키게 하라고 하셨다. 또 온 천하에 다니며 만민에게 복음을 전하라고 하셨다.

우리는 그 말씀에 순종하여 방방곡곡에 예수 그리스도의 복음을 전하고 있다. 작은 의미로는 '전도'이고 큰 의미로는 '선교'라는 이름으로 땅 끝까지 복음이 전하는 사명을 받은 것이다. 우리는 주님의 명령에 순종하여 가든지, 보내든지 선교의 사명을 감당하고 있다. 특히 한국은 미국 다음으로 선교사를 가장 많이 파송한 선교국가로서의 사명을 다하고 있다.

다른 하나는, 수직적 신앙계승이다. 수직적 및 구약적 신앙계승은 신명기 6장 4-9절의 말씀에 근거한다. "네 자녀에게 부지런히 가르치며"(신 6:7上)라는 말씀에 순종하는 것이다.

유대인들이 3,500년 동안 신앙계승이 가능했던 것은 회당이 아닌 가정에서의 신앙교육이 이루어졌기 때문이다. 나라를 잃고 디아스포

라가 된 상황에서도 신앙계승이 가능했던 것은 "네 자녀에게 부지런히 가르치며"(신 6:7上)라는 말씀에 순종한 결과이다. 그들은 이 말씀에 순종하여 신앙계승의 성공을 이루었다. 그들은 다른 사람이나 민족에게 신앙을 전도하지 않는다. 다만 자녀들에게 신앙을 계승하는 일에 전념할 뿐이다. 아버지는 그 아들에게, 그 아들은 그 아들에게, 그 아들은 그 아들에게 이런 방식으로 3,500년 동안 자녀들에게 신앙을 계승해왔다.

수평적 신앙계승과 수직적 신앙계승 어느 것이 먼저인가

과연 그렇다면 수평적 신앙계승, 수직적 신앙계승 중에서 어느 명령이 중요한가? 당연히 우리는 수평적 신앙계승이 더 중요하다고 여길 것이다. 예수님의 '지상대명령'(Great Commission)이기 때문에 우리는 땅 끝까지 나가서 복음을 전하는 것이 더 중요하다고 생각할 것이다. 한국 C.C.C의 총재이셨던 故 김준곤 목사님이 쓰신 〈민족의 가슴마다〉에는 이런 내용이 나온다.

> 민족의 가슴마다 피 묻은 그리스도를 심어
> 이 땅에 푸르고 푸른 그리스도의 계절이 오게 하소서
> 이 땅에 하나님의 나라가 이뤄지게 하옵소서.
> 모든 사람의 마음과 교회와 가정에도 하나님 나라가 임하게 하여 주소서
> 주의 청년들이 예수의 꿈을 꾸고 인류구원의 환상을 보게 하소서
> 한 손엔 복음 들고 한 손엔 사랑을 들고 온 땅 구석구석 누비는 나라

되게 하소서
　이 땅 구석구석에서 예수를 주로 고백하게 하소서
　하늘의 뜻 이 땅에 이뤄주소서 주의 나라 되게 하소서
　주의 청년들이 예수의 꿈을 꾸고 인류구원의 환상을 보게 하소서

　나는 이 찬양을 부를 때마다 심장이 터지는 것 같은 감격을 느낀다. 이 시의 가사처럼 우리 모든 그리스도인들은 이 세상에 복된 예수의 복음을 전해야 할 책임과 사명이 있다. 아직도 복음을 모르는 사람들에게 복음이 전해져서 이 땅에 하나님의 나라가 이루어지는 역사를 꿈꾸어야 한다. 이 땅의 모든 사람들이 예수님을 나의 구주와 주님으로 영접하여 이 땅이 하나님의 나라가 되는 예수님의 꿈을 꾸어야 할 것이다. 우리는 마땅히 이 명령에 순종해야 한다.

　그러나 동시에 우리가 간과한 것이 있다. 그것은 바로 수직적 신앙계승이다. 자녀에게 복음을 전하는 사명에 대해선 누구도 강조하지 않는다. 수평적 신앙계승에 대해선 가슴이 터질 것 같은 감격이 있는데 수직적 자녀들에게 복음을 전해야 한다는 복음성가도 없다. 신앙계승, 곧 내 자녀, 내 가족들에게 복음을 전하는 일에는 왜 무덤덤한 것일까? 수평적 신앙계승에는 목숨도 내놓을 것 같은 열정이 보이는데, 왜 내 자녀, 내 가족에게 복음을 전하는 수직적 신앙계승에는 열정이 보이지 않을까? 내 자녀의 신앙은 중요하지 않다는 것인가?

　그것은 하나를 알고 둘은 모르는 것이다. 두 명령 모두 중요한 것이다. 두 명령 모두 우리가 순종해야 하는 것이다. 단, 순서가 있다. 우리는 땅 끝까지 복음을 전하는 수평적 신앙계승에 앞서 먼저 자녀들을

하나님의 말씀으로 부지런히 가르쳐야 한다. 그것이 먼저이다. 그것이 세계선교의 첫 걸음이다. 내 자녀에게 복음을 전하여 그리스도인이 되게 하는 것이 바로 세계선교의 시작인 것이다. 구약성경이 먼저 쓰이고 신약성경이 후에 써진 것처럼 구약적 신앙계승은 선행되어야 한다.

다른 사람에게 복음을 전하면서도 자녀들에게 복음을 전하지 않는 것은 가장 큰 직무유기이다. 또 내 자녀에게 복음을 전하여 그리스도인이 되게 하지 못한 사람은 다른 사람에게 복음을 전할 자격도 없다. 다른 사람도 중요하지만 내 자녀는 더 중요하다. 자녀에게의 신앙계승은 내 몫이다. 부모가 해야 할 사명이다. 교회의 목회자나 교사들이 대신 해줄 수 있는 것이 아니다. 그것은 부모의 책임이다. 사도바울은 이렇게 고백했다.

> 누구든지 자기 친족 특히 자기 가족을 돌보지 아니하면 믿음을 배반한 자요 불신자보다 더 악한 자니라(딤전 5:8)

예수님이 수평적 신앙계승만을 말씀하신 것은 이미 유대인은 수직적 신앙계승에 순종하고 있었기 때문이었다. 이미 3,500전부터 유대인들은 자녀들의 신앙계승에 99% 성공하고 있었다. 그들은 '네 자녀에게 부지런히 가르치며'(신 6:7上)에 온전히 순종하고 있었다. 그런 사람들에게 더 이상 수직적 신앙계승을 명령할 이유가 없었던 것이다.

반면, 유대인들은 자녀들에게 신앙계승을 하는 반면, 다른 사람들에게는 신앙을 계승하려 하지 않았다. 그들은 오직 자녀에게 부지런히 신앙을 가르치고 있었다. 그들의 눈에 다른 사람은 자기의 소관이 아니었다. 더더욱 이방국가에게 신앙을 계승할 이유는 전혀 없었다. 다시 말하면 이미 수직적 신앙계승만을 알고 있는 유대의 그리스도인들에게 수평적 신앙계승을 통해 땅 끝까지 복음이 전파되길 원하셨던 것이다.

그런데 과연 우리는 어떠한가? 우리는 복음전도, 땅 끝까지의 선교에는 온 힘을 쏟고 있지만 과연 내게 주어진 자녀들에게 먼저 복음을 전했는가 하는 것이다. 만약 내 자녀는 방치하고 다른 사람에게만 복음을 전하는 신앙계승은 구조적 문제를 불러일으킨다. 결과 그리스도인들의 자녀들이 20세가 되었을 때 그들이 그리스도인으로 살아가는 비율이 16%라는 통계가 이를 뒷받침한다. 이것은 매우 잘못된 현상이다.

예수님의 수평적 신앙계승에 수많은 사람들이 오해를 한 결과이다. 수평적 신앙계승만 하면 되는 줄 알았던 것이다. 그것은 구약은 인정하지 않고 신약만 인정하는 인지적 오류였다. 마치 유대인들이 신약을 인정하지 않고 구약만 인정하는 인지적 오류를 범하는 것처럼 말이다. 그러한 인지적 오류로 세계선교는 활성화되었지만 선교발상지마다 교회들이 몰락하는 기현상이 일어났다.

선교발상지였던 유럽과 미주지역, 그리고 오세아니아 지역의 교회가 침몰하고 있는 이유는 수직적 신앙계승에 실패했기 때문이다. 현재 세계 제 2위의 선교대국인 한국 역시 목회자, 장로, 권사, 집사들의 자녀들에게 신앙이 계승되는 비율이 16%라는 참혹한 성적표는 우리에게 경각심을 준다. 이런 추세로 가다간 한국교회 역시 침몰할 것이다. 이미 급속도로 침몰하고 있다. 사탄, 마귀 때문에, 스마트폰 때문에, 현대 문명 때문에 한국교회가 망하는 것이 아니라 수직적 신앙계승에 실패했기 때문이다.

우리는 다른 민족에게 복음을 전해야 하지만 그 시작은 내 자녀라는 사실을 기억해야 한다. 자녀는 내게 맡겨진 하나님의 기업이기 때문이다. 따라서 다른 민족도 중요하지만 내 자녀가 먼저이다. 내 자녀와 함께 하면서 그들에게 복음을 전해야 한다. 온전한 신앙계승을 위한 시간을 만들어야 한다.

유대인들은 안식일을 생명처럼 지킨다. 그러나 그들은 '우리가 안식일을 지키는 것이 아니라 안식일이 우리를 지킨다'라고 인사한다. 안식일은 금요일 해질 무렵부터 시작하여 토요일 해질 무렵까지 24시간이다. 그들은 안식일 동안 가족들과 함께 하는 시간을 갖는다. 단순히 같이 있는 것이 아니라 그들은 토라를 낭독하고 하브루타를 통해 하나님의 말씀을 나눈다. 가족과 함께 하는 시간이 바로 신앙계승의 시간이며 하나님의 말씀으로 충전하는 시간이다.

유대인들의 하브루타(Havruta) 역시 가정에서 시작되었다. 하브루타는 학문적 교육이 아닌 하나님의 말씀을 교육하는 신앙교육에서 시작되었다. 하브루타는 하나님의 학습법으로 쉐마명령의 하나이며 99%에 달하고 있는 유대인의 신앙계승을 위한 것이었다.

이슬람과 힌두교, 그리고 유대교는 다른 사람들을 전도하지 않는 종교로 유명하다. 다만 자녀들을 부지런히 가르쳐서 이슬람은 자녀를 무슬림으로 만들고, 힌두교는 자녀들의 속에 있는 힌두를 발견하고, 유대교는 자녀를 부지런히 가르쳐서 신앙계승을 하는 것이다. 그럼에도 이슬람과 힌두교는 엄청난 교세확장을 이루고 있다. 현재 세계에서 가장 종교인구가 많은 종교는 이슬람이고 3위는 힌두교이다.

내 자녀가 하나님의 사람이 되길 원한다면, 교회가 다시 부흥하기를 원한다면, 이제 우리의 잘못된 고정관념을 내려놓고 가정에서부터 하브루타가 시작되어야 한다. 그렇지 않으면 자녀들의 신앙계승은 실패할 것이고 한국교회는 다시 일어설 수 없을 것이다.

하브루타란

하브루타(Havruta, חַבְרוּתָא)는 유대인의 전통적 학습법이다. 문자적 의미로는 우정, 친구 등을 뜻한다. 예시바(yeshiva) 및 코렐(kollel)에서 주류적 학습법이었으나 지금은 유대인 전통적 학습법으로 확산되어 세계에서 가장 뛰어난 천재교육, 영재교육으로 평가받고 있다. 실제로 하브루타 방식의 교육효과는 매우 뛰어난 것으로 보고되고 있다.

대부분의 학습법이 교사와 학생간의 상하관계로 이루어진 것과는 달리, 하브루타 학습에서는 각자가 분석하고 자신의 생각을 조직화하여 상대방에게 설명하며, 상대방의 이야기를 듣고 질문하면서, 때로는 전혀 새로운 관점을 발견하기도 한다.

하브루타는 히브리어인 '하베르'에서 유래한 용어로, 학생들끼리 짝을 이루어 서로 질문을 주고받는 학습법이다. 하브루타를 할 때 부모와 자녀, 교사와 학생, 랍비와 교인의 입장은 존재하지만 하브루타를 하는 동안에는 서로 친구가 되어 질문하고 토론하고 논쟁을 하게 된다.
　하브루타는 나이와 성별, 계급에 차이를 두지 않고 두 명씩 짝을 지어 공부하며 논쟁을 통해 진리를 찾아가는 학습법이다. 이때 부모와 교사는 학생이 마음껏 질문할 수 있는 환경을 만들어 주고 학생이 스스로 답을 찾을 수 있도록 유도하는 역할을 한다. 이 과정에서 가장 중요한 것은 하브루타라는 의미처럼 친구가 되는 것이다. 부모와 자녀가, 교사와 학생이, 어른과 아이가 친구가 될 때 소통의 효과가 극대화 되는 특징이 있다.
　하브루타는 소통을 하며 답을 찾아가는 과정 속에서 다층적으로 지식을 이해하고 문제를 해결할 수 있다는 장점이 있다. 하나의 주제에 대한 찬반양론을 동시에 경험하게 되므로 이를 통해 새로운 아이디어와 해결법을 이끌어 낼 수도 있다.

설명할 수 없다면 아는 것이 아니다!

　세상에는 이유 없는 결과는 존재하지 않는다. 유대인들이 정치, 경제, 사회, 문화, 금융, 영화, 음악, 예술, 디자인 등에서 세계 1%에 해당되는 세계 최고의 민족이라는 사실을 부인하는 사람은 없다. 그럼 지능지수가 세계 40위권(평균지능지수 96)인 그들이 세계 정상의 자리를 차지하는 이유가 무엇일까?
　유대인들의 명언으로 그들이 항상 입에 달고 사는 말이 있다. "설명할 수 없다면 아는 것이 아니다"이다. 그들은 이 말처럼 설명하는 것만이 아는 것이라고 한다. 그것이 바로 하브루타이다. 하브루타는 유대인의 학습법으로, 질문하고, 대답하고, 토론하고, 논쟁하는 학습법이다. 현존하는 모든 학습법 중에서 세계 최고의 학습법으로 인정되고 있다.

세계적인 천재로 불리는 마크 저커버그(Mark Zuckerberg)나 스티븐 스필버그 감독(Steven Spielberg)은 하브루타 방식의 교육을 받은 사람들이다. 그 외에도 세계적 천재로 불리는 토마스 에디슨, 앨빈 토플러, 헨리 키신저, 아인슈타인 등이 하브루타 방식의 교육을 통해 세계를 주도하는 천재들이 된 사람들이다.

하브루타의 목적

지금 전국은 하브루타 열풍이 불고 있다. 전국의 여러 학교들과 학원 단체, 그리고 조금은 늦은 감이 있지만 교회까지 합세하여 하브루타를 시도하고 있다. 하브루타 학습법은 앞에서도 설명한 것 같이 세계 최고의 학습법이며 탁월한 학습효과를 증명하고 있다.

우리는 분명한 목적 아래 하브루타를 시행해야 할 필요가 있다. 전국의 여러 학교와 학원에서 시행하는 하브루타는 분명한 목적이 있다. 세계적으로 가장 탁월하다는 학습법을 통해 자신의 자녀들과 학생들의 학습효과를 높이기 위함이다. 스스로 공부하는 자기주도학습을 통해 자발적이고 즐겁게, 그리고 높은 학습효과를 위해 하브루타를 시도하고 있다. 그래서 성적향상, 국내외 명문대학의 진학, 안정된 직장의 취업을 위해 하브루타를 시도하고 있다. 탁월한 선택을 한 것이다.

왜 하브루타를 해야 하는가

과연 그렇다면 우리는 왜 하브루타를 해야 하는가? 전국의 교회와 목회자들이 하브루타를 시도하려는 목적이 무엇인가? 만약 우리의 목적이 학교나 학원에서 하브루타를 하는 것과 동일하다면 우리는 다시 재고해야 할 것이다.

교회가 시행하는 하브루타가 성적향상이나 국내외 명문대학의 진학, 독서능력 향상 등을 위한 목적이라면 중단되어야 한다. 성적향상과 국내외 명문대학의 진학이나 영재를 만드는 것은 교회가 할 일이 아니다. 또 장담하지만 교회는 결코 그러한 목표에 도달하지 못할 것이다.

안타까운 것은 전국의 많은 교회들이 시도하고 있는 하브루타는 앞에서 설명한 성적향상이나 영재 만들기, 그리고 명문대 진학하기, 독서능력 향상에 초점을 맞추고 있다. 그래서 자기주도학습, 셀프리더십, 3P자기경영 강사 등을 초청하여 하브루타라는 명목으로 학습효과를 높이는데 열을 올리고 있다. 그것이 과연 교회가 해야 할 일인가? 그들이 과연 하브루타의 비밀을 알까?

베드로가 성전 미문에 앉아 구걸하던 사람에게 "은과 금은 내게 없거니와 내게 있는 이것을 네게 주노니 나사렛 예수 그리스도의 이름으로 일어나 걸으라"는 말을 기억해야 한다. 교회가 은과 금을 주는 곳이 아닌 것처럼 교회는 학습효과를 높이는 것이 목적이 아니다. 그런 이유로 학부모를 초청하는 곳이 아니다. 교회는 학교나 학원이 아니다, 성적을 올리는 곳은 학교나 학원이지 교회가 해야 할 일이 아니다. 또한 두 시간의 특강으로 전문적으로 학습효과에 매진하고 있는 학교나 학원의 학습효과를 어떻게 따라갈 것인가.

학습효과만을 위해 하브루타를 도입한 교회

중부권의 어느 교회에서 주변의 학부모들을 초청하는 문구를 본 적이 있다. 「유대인 교육의 비밀」이라는 주제로 서울의 어느 학습상담소의 소장을 초청하여 하브루타 특강을 한다는 초청문구이다.

- 교실에서 점점 무기력해지는 아이들,
- 좋은 대학을 나와도 취업이 안 되는 청년들,
- 무너진 교육의 대안을 유대인의 교육 하브루타에서 찾는다.

모든 부모들이 관심사가 자녀들의 성적향상이라는 사실을 간파한 교회가 이런 문구로 사람들을 현혹하고 있다. 여기에는 신앙교육에 대한 고민이 전혀 없다. 오로지 '교실', '취업', '교육의 대안'이라는 단어들을 동원하며 학부모를 유인한다. 과연 교회는 자녀들의 교실에서 무기력한 아이들을 도울 수 있을까? 취업이 안 되는 청년들을 도울 수 있을까? 무너진 교육을 다시 회복할 수 있을까? 대답은 "No!"이다.

교회는 그런 일을 할 수도 없고, 해서도 안 된다. 교회가 무슨 재주로 교실에서 졸고 있는 아이들을 깨울 것이며, 정부도 쉽게 해결하지 못하는 취업 문제를 해결할 수 있으며, 교육부도 해결하지 못한 무너진 교육의 해답을 교회가 제시할 수 있단 말인가? 과연 그 강사의 한 시간의 특강이 이 모든 문제를 해결할 수 있단 말인가? 참고로 그 강사는 크리스천도 아니었고 성경의 '성'자도 모르는 사람이었다. 성경을 모르는 사람이 어찌 하브루타를 논할 수 있단 말인가.

세속화된 하브루타

하브루타는 하나님의 학습법이다. 하나님은 신명기 6장 7절에서 하브루타를 명령하셨다. 유대인들은 이 명령에 순종하여 하브루타를 시행했다. 결과 엄청난 결과가 나타났다. 그러자 세상이 교육이라는 명분으로 하브루타를 도둑질했다. 그리고 그 학습법이 하나님의 학습법이 아닌 세상의 학습법으로 둔갑시켰다. 결국 세속적인 하브루타로 만들어 자신들의 유익을 구하는 도구로 사용했다.

그러자 세상에 둔감한 교회가 오랜 시간이 지난 후 세속적인 하브루타를 도입하기 시작했다. 불행하게도 그 하브루타는 하나님의 학습법이 아닌 세속화된 하브루타였다. 자녀들의 성적향상, 명문대 진학, 안정된 직장의 취업이라는 달콤한 미끼를 이용하여 하나님의 학습법으로 시작된 하브루타를 다음 세대를 세속화하는 도구로 사용한 것이다. 하나님의 말씀을 위한 하브루타가 아닌 세상의 가치를 추구하는 하브루타로 변질시킨 것이다. 지금 수많은 교회가 시행하고 있는 하브루타는 세속화된 하브루타이다.

　분명한 사실은 교회는 교회가 해야 할 일을 해야 한다. 그것이 바로 하나님의 학습법 하브루타이다. 세상의 매력적인 것을 교회 안으로 끌어오려고 해선 안 된다. 그것은 바로 욕심이고 세속화이다. 그런 선택을 하는 순간 교회는 타락하는 것이다.

　하브루타라고 해서 모두 순전한 것이 아니다. 세속화된 하브루타, 학습효과만을 위한 하브루타, 영재교육만을 위한 세상적 히브루타는 순전하지 않다. 하나님의 사람을 만드는 하브루타, 신앙계승을 위한 하브루타, 성경말씀의 진의를 깨닫고 순종하는 하나님의 학습법 하브루타를 해야 한다.

　하브루타를 한다는 사람들마다 '유대인', '유대인' 이야기를 많이 하는데 우리는 유대인을 몰라도 너무 모른다. 우리가 한국에 거주한다고 한국을 잘 아는 것이 아닌 것처럼 이스라엘을 100번을 다녀와도 그것이 유대인을 아는 것이 아니다. 유대인을 알려면 성경을 알아야 한다. 성경을 모르고 유대인을 안다는 것은 어불성설이다. 유대인의 길라잡이는 바로 성경이기 때문이다.

　유대인들이 하브루타를 하는 이유는 오직 하나님의 말씀을 깨닫고 실천하기 위함이다. 그것도 99%가 아닌 순도 100% 하나님의 말씀을 위한 하브루타를 한다. 그들의 온통 관심사는 토라(Torah: 창세기, 출애굽기, 레위기, 민수기, 신명기)의 말씀을 읽고, 암송하고, 그 말씀을 해석 및 적용하는 일에만 초점을 맞추고 있다. 탈무드도 재미있는 얘기가 아닌 토라의 해석과 적용 그 자체이다.

그 결과로 하나님이 약속한 복을 받는 것이다. 공부를 잘하기 위함도 아니고 명문대학에 들어가기 위함도 아니다. 오직 토라의 말씀을 잘 적용하여 하나님의 말씀에 순종하는 것, 그 과정에서 적용법을 찾기 위해 하브루타를 시행하는 것이다. 다시 말하면, 하브루타는 영재교육이 아닌 하나님의 말씀의 진의를 찾아가게 하는 하나님의 학습법이다.

하브루타 학습법이란

그럼 하브루타 학습법이란 무엇일까? 여러 가지로 정의할 수 있지만, 쉽게 설명하면 '서로 설명하기'이다. '서로 설명하기'라는 학습은 하브루타 학습법이기도 하지만, 임상적으로도 가장 인정을 받는 학습법이다. 90% 이상의 학습효과는 '서로 설명하기' 뿐이다.

그러나 유대인의 하브루타는 일반적인 '서로 설명하기'와는 특별한 차이가 있다. 유대인의 하브루타는 3,500년의 역사와 임상의 결과를 가지고 있다. 유대인 하브루타가 특별한 이유는 그들의 하브루타는 성경에서 시작되기 때문이다. 세상에는 하브루타 방식의 학습법, 즉 '서로 설명하기'방식의 학습법이 시행되고 있지만 유대인의 하브루타가 압도적인 것은 성경말씀의 위대함 때문이다.

유대인들은 3살 때부터 토라(Torah: 창세기, 출애굽기, 레위기, 민수기, 신명기)를 암송하면서 자연스럽게 하브루타를 익혀왔다. 사실 유대인의 성경인 '타낙'(Tanakh)중에서 가장 어려운 것이 토라이다. 사실 토라는 읽기도 힘들 정도로 어려운 내용을 담고 있다. 그런데 유대인 아이들은 어릴 때부터 그 어려운 토라를 암송한다. 암송하다보니 자연스럽게 질문이 나오게 되고 대답이 나오게 되고, 토론이 나오는 과정에서 설명의 능력을 키워 나가는 것이다. 그곳에서 메타 하브루타가 나오게 된 것이다.

암송하는 내내 어렵고 이해가 어려웠던 성경말씀에 대해 질문하고 대답하고 토론 및 논쟁하는 과정을 통해 토라의 진의(眞意)를 발견하는 것에 목표를 두고 있다. 뿐만 아니라 하브루타는 하나님의 말씀인 성경을 현실의 삶에 적용하고 실천하는데 목표를 두고 있다. 그것이 바로 보통수준의 사람을 세계 정상의 사람으로, 아니 세상을 주도하는 사람으로 만드는 하나님의 학습법이다.

하브루타는 하나님의 학습법이다. 유대인이 먼저 시행했다고 해서 그들만의 학습법이라고 할 수 없다. 하브루타는 하나님의 학습법인 동시에 성경적 학습법이다. 하브루타만이 성경의 비밀을 풀어나갈 수 있고 그 말씀을 삶에 적용하여 실천할 수 있게 한다. 따라서 하브루타를 시행하기 전 반드시 성경암송 훈련이 필요하다.

한국교육의 대역죄인(大逆罪人)주입식 교육

지금 한국의 학교나 교회에서의 교육방식은 주입식 방식(강의 듣기)의 교육이다. 교육학자들은 우리나라 교육계의 대역죄인을 꼽는다면 단연 '주입식 교육'이라고 이구동성으로 말한다. 주입식 교육에 대한 우리의 인식은 온갖 부정적 수식어를 앞에 붙여놓아도 부족하지 않을 정도이다.

그렇다고 주입식 교육이 꼭 나쁜 것은 아니다. 주입식 교육은 교육자들이 학생이 배웠으면 좋겠다 싶은 것들을 구조화하여 학생들에게 전달하는 목적을 가진 교육방법이다. 어려서부터 주입해서 갖춰야 할 신앙의 기본지식, 도덕성, 준법성, 이타성과 같은 핵심적인 교육이 이와 같은 방식으로 전달되고 있다는 점 역시 인정해야 한다.

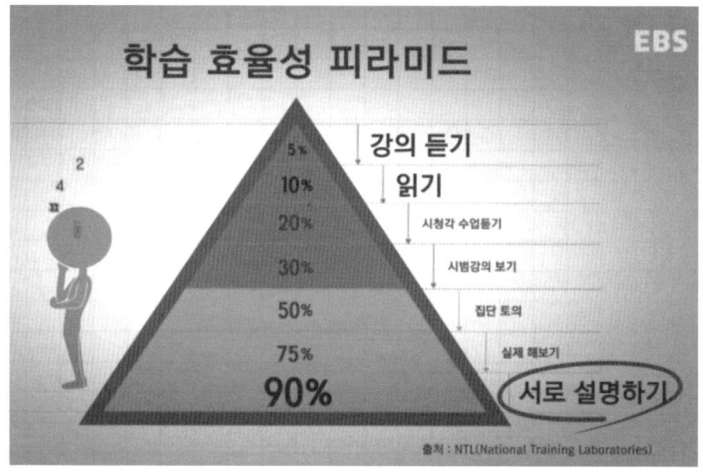

'서로 설명하기' 학습법은 90% 이상의 학습효과를 나타내고 있다.

다만 주입식 교육 자체에 비난을 할 수는 없다고 할지라도 오랫동안 주입식 교육이 뭇매를 맞는 데에는 나름의 이유가 있었다. 바로 학교나 교회에서 활용되는 교육방식이 거의 대부분이 주입식 교육으로 이루어지고 있다는 것이다. 대부분의 교육이 교사가 일방적으로 말하고 학생이나 교인이 이를 수용하는 방식으로 이루어진다. 공식적으로 교육 중에 학생이 배운 내용을 설명하거나 표현할 수 있는 기회를 제공하는 경우가 불가능하다.

앞의 도표에서 본 것처럼, 주입식 방식(강의 듣기)은 5% 미만의 학습법이다. 사실 한국의 학습법은 세계에서 최악의 학습법으로 평가되고 있다. 5% 미만의 학습법은 시간낭비이고 학습효과는 거의 없다. 주입식 학습방법은 학습자들의 창의력과 상상력을 차단시키고, 생각의 근육을 사라지게 하고, 전인적 교육에서 실패하게 한다.

도덕, 윤리점수는 높지만 거짓말을 쉽게 하고, 미술성적은 높지만 창작이나 감상능력이 없고, 국어성적은 높지만 탁월한 문학표현이나 교양 있는 언어구사를 못하고 거친 언어나 욕설을 잘한다. 과학, 수학 성적은 높지만 과학적 사고, 수학적 사고를 하지 못한다. 성적에 치중한 나머지 실력이 부족하고 모든 것이 두루뭉술하다. 신앙생활은 열심히 하지만 신앙의 성숙이나 변화가 일어나지 않는 것도 동일한 이유이다.

그러나 우리가 하브루타를 하는 것은 탁월한 학습효과만을 위한 것이 아니다. 사실 하브루타는 우리의 자녀들과 한국교회를 살릴 유일한 학습법이기 때문이다. 지금 우리는 자녀들에게 신앙계승에 실패하는 가운데 교회학교가 무너지고 있다. 모두들 교육적 대안을 내놓고 있지만 무용지물에 가깝다. 30년이 지나면 한국교회가 모두 사라질 것이라고 예측하는 미래학자들도 있다.

주입식교육으로 4차 산업혁명을 대처한다고?

아직도 대부분의 교회의 목회자들은 기존의 교육방식인 주입식 교육을 선호한다. 하브루타 세미나를 위해 교회를 방문해 보면 목회자들의 표정은 '왜 이런 것을 해야 하나?'라는 의아한 표정을 짓는다. 어떤 목회자는 처음 듣는 말이라고 하면서 '그게 뭐냐?'고 순진무구하게 묻기도 한다. 대부분의 목회자들은 교회학교의 교육에 대한 문제의식이 없다. 지금까지 잘 해왔으니 앞으로도 잘 될 것이라는 막연한 기대감을 갖고 있는 듯하다.

주입식 교육의 대표는 단연코 '설교'이다. 목회자들이 절대로 포기할 수 없는 것이 바로 설교이다. 목회자들은 시대가 변화되는 것도 인지하지 못한 채 예전의 방식인 설교로 교인들을 제압하려고 한다. 설교에 대한 인지적 오류를 환호하는 사람들이 있다는 것이다.

그러나 사람들은 일방적 방식의 설교를 싫어한다. 그것도 아주 싫어한다. 사람들은 조금만 오래 말을 하거나 주입식으로 말하는 사람에게 "설교하지 마!"라는 부정적 경고를 한다. 사실 예전에는 설교자로부터 새로운 정보를 얻을 수 있었다. 하지만 4차 산업혁명 시대에는 새로운 정보란 없다. 오히려 더 신선한 정보를 스마트폰이나 컴퓨터 또는 인공지능을 통해 얻을 수 있다.

일방적인 것을 사람들은 무조건 싫어한다. '나 혼자만 알고 있다'는 식의 설교는 거부감을 안겨준다는 사실이다. 그렇다면 사람들이 좋아하는 방식은 무엇인가? 바로 '소통'이다. 4차 산업혁명 시대란 소통의 시대를 의미한다. 사실은 사람들이 설교를 싫어하는 것이 아니라 일방적인 것을 싫어하는 것이다.

지금 전 세계에는 4차 산업혁명의 폭풍으로 기존의 가치관이 흔들리고 있다. 증기기관으로 대표되는 1차 산업혁명, 전기를 이용한 대량생산으로 대표되는 2차 산업혁명, 컴퓨터 등 정보화 기술로 대표되는 3차 산업혁명, 그리고 인공지능(AI)과 로봇기술, 생명공학 기술 등으로 대표되는 4차 산업혁명은 더 이상 먼 훗날의 이야기가 아니다.

머지않아 거리는 직접 운전하지 않아도 스스로 달리는 차들로 붐비고, 인공지능을 장착한 로봇들이 공장과 사무실의 일자리를 차지할 것이다. 특히 인공지능(AI)을 장착한 로봇은 기존의 로봇과는 달리 인간의 단순 육체노동만 대체하는 것이 아니다. 로봇들은 우리를 대신하여 회계를 담당하게 될 것이고, 식당에서는 정확한 레시피(recipe)에 의거한 위생적인 음식을 만들어 낼 것이고, 몇 달에서 몇 년이 걸리는 법원의 재판과정을 5분 내로 판결하게 될 것이다. 집에서는 로봇친구들과 대화하며 외로움을 달랠 것이다.

이런 가운데 여전히 주입식 교육으로 미래를 대처한다고? 이건 무책임한 일이다. 이미 3차 산업혁명인 컴퓨터와 정보화가 진행 된 이후 주입식 교육의 효과는 90% 이상 사라져 버렸다. 4차 산업혁명 시대에는 인공지능(AI)로 주입식 교육으로 얻을 수 있는 정보를 단 1초면 해결할 수 있다.

4차 산업혁명 시대에 사라지는 직업군 vs 생겨나는 직업군

4차 산업혁명 시대에는 수많은 직업군들이 사라질 전망이다. 전문성이 떨어지며 단순하며 정형화 된 일일 경우 인공지능(AI)에 의해 사라질 가능성이 높다. 왜냐하면 인공지능의 기술 도입에 발생하는 비용이 인건비보다 저렴하기 때문이다. 인공지능이 사람보다 실수 없이 일정한 노동을 한다는 것 또한 핵심적인 이유이다.

회계, 법률, 통역 번역은 전문성을 필요로 하지만 일의 형태가 정형화 되어 있는 상태라 위험성이 있다. 특히 콜센터 직원, 생산 및 제조 관련 단순종사원, 계산대 판매원 등은 4차 산업혁명의 여파로 사라질 직업으로 그 위험성이 굉장히 높은 편에 속한다.

반면 인공지능의 발전에도 사라지지 않을 직업은 비정형적인 직업군들이 속한다. 육아, 교육분야, 감성과 지식 활동이 많은 서비스직종, 연구원, 사회복지사, 교사 등은 인공지능이 대체할 수 없는 직종으로 대체 가능성이 매우 낮다. 숙련도가 낮은 일이라도 사람의 감성을 대상으로 하는 직종은 인공지능이 대체하기 어렵다. 미래의 직업 변화 트렌드는 세분화 전문화가 가속되어 융합형 직업이 증가할 것으로 예상되고 있다.

4차 산업혁명 시대에 주입식 교육은 쓰레기처럼 쓸모가 없다

이미 시작된 4차 산업혁명 시대를 우리는 주입식 교육으로 대처할 수 없다. 4차 산업혁명 시대에 주입식 교육은 쓰레기처럼 쓸모가 없다. 4차 산업혁명 시대를 대처할 수 있는 유일한 학습법은 하브루타이다. 하브루타의 유연한 사고만이 4차 산업혁명 시대를 감당할 수 있다. 주입식 교육으로는 4차 산업혁명 시대에서 패배자가 될 수밖에 없다.

사람들이 제4차 산업혁명에 대해 가장 우려하는 것은 '일자리'다. 일자리는 인간의 생존과 직결되기 때문이다. 새로운 기술이 나타나면 수많은 일자리가 사라질 것은 분명하다. 그러나 학자들은 미래를 너무 비관적으로 볼 이유가 없다고 지적한다. 제4차 산업혁명은 이미 시작되었지만 앞으로 일어날 변화를 미리 파악하면 제4차 산업혁명에 뒤처지지 않을 것이다.

4차 산업혁명 시대 어떻게 준비할 것인가

제4차 산업혁명 시대에 대비해 우리는 무엇을 해야 할까? '아키텍(Architec, 건축을 뜻하는 architecture의 줄임말) 대학생'이라는 말이 있다. 대학교 1학년부터는 물론 입학 전부터 건축 설계를 하듯 체계적으로 계획을 세워 대학 생활을 하는 대학생을 이르는 말이다. 취업률이 워낙 낮아지다 보니 나타난 현상으로, 한 치 앞의 내일도 알 수 없는 불확실한 미래를 대비하기 위한 필사적인 움직임이라 할 수 있다.

제4차 산업혁명으로 미래가 어떻게 움직일지 정확하게 예측하는 것이 간단한 일은 아니지만, 한 가지 사실은 분명하다. 미래에는 자본보다 재능을 가진 인간이 중요한 생산 요소가 된다는 것이다. 이는 노동시장에서 '저기술 저임금' 직업과 '고기술 고임금' 직업을 구분하는 장벽이 점점 더 높아진다는 의미다.

어떤 사람에게는 기술 발달이 소득 증가에 도움이 되지 않고 심지어 소득이 줄어드는 요인이 된다. 전 세계에서 많은 사람들이 겪고 있는 불만족과 불공정이 더 확대될 수도 있다. 학자들은 제4차 산업혁명의 가장 큰 수혜자는 혁신적인 사고를 부단히 창출하는 사람이라고 지적한다. 바로 하브루타만이 이를 가능하게 한다.

4차 산업혁명 시대에 요구되는 인재

학자들은 세계 500대 기업에서 공통으로 요구하는 인재는 적응력, 소통력, 리더십, 실행력, 학습 능력, 창의력, 팀워크 등을 갖춘 사람이라고 말한다. 제4차 산업혁명을 세계적 화두로 끌어올린 세계경제포럼은 미래 인재의 핵심 능력으로는 도전 정신, 문제 해결력, 소통 능력, 창의성, 적응력, 협동 능력 등을 꼽았다.

이 말은 단순하게 '스펙'을 관리하는 취업 준비로는 제4차 산업혁명 시대의 인재가 될 수 없다는 뜻이다. 제4차 산업혁명의 기본은 창조성과 생각하는 힘이다. 여기에 유연성까지 합쳐지면 금상첨화다.

그러나 창조성은 갑자기 길러지는 것이 아니므로 자신의 생각을 글로 쓰고 설명하는 훈련이 필요하다. 또한 음악, 과학, 수학 등 모든 학문을 가로 질러 통섭하는 능력을 갖춘 글로벌 인재가 되어야 한다. 넓고 깊은 지식 습득 과정에서 스스로 생각하는 메타인지를 터득하고,

설명하는 능력을 기르며, 지식을 실천하는 것에 익숙해진다면 어떤 일자리도 감당 해 낼 수 있다. 하브루타가 지향하는 학습효과이다.

하브루타가 살길이다

보다 직접적으로 창조적인 생각을 유도하는 방법은, 발명과 같은 새로운 아이디어에 도전하는 것이다. 하브루타를 통해 현실의 문제점을 찾아내고, 상상력을 동원해 다양한 아이디어를 도출하며, 동료와 의견을 나누고 협력해 창의적으로 문제를 해결해 나갈 때 발전을 이룰 수 있다.

제4차 산업혁명을 막연히 두려워하거나 희망적으로만 볼 것이 아니다. 무엇보다 제4차 산업혁명이라는 기차가 이미 출발했다는 사실을 직시할 필요가 있다. 그러나 제4차 산업혁명을 향한 움직임은 세계 각지에서 계속 일어날 것이다. 앞으로 출발할 기차의 특성을 정확하게 파악하고 탑승하면 늦지 않았다. 누가, 언제, 어디서, 왜, 무엇을 어떻게 하는지 파악하고 창조성을 곁들여 제4차 산업혁명이라는 기차에 탑승하면 새로운 시대의 승리자가 될 수 있다.

알베르트 아인슈타인은 "컴퓨터는 놀랍게 빠르고 정확하지만 대단히 멍청하다. 사람은 놀랍게 느리고 부정확하지만 대단히 똑똑하다. 이 둘이 힘을 합치면 상상할 수 없는 힘을 갖게 된다!"라고 말했다. 아무리 인공지능이 발달해도 인간이 더 잘 할 수 있는 일이 분명히 있다. 인공지능을 비롯한 제4차 산업혁명의 기술들을 어떻게 유용하게 사용하느냐에 따라 제4차 산업혁명은 천사가 될 수도 있고, 악마가 될 수도 있다.

과거에는 초등학교부터 중·고등학교, 대학교까지 거의 20년 정도 공부한 것이 나머지 인생을 좌우했지만 제4차 산업혁명 시대에는 죽을 때까지 새로운 세상에 적응하기 위해 공부해야 한다. 과거의 학습법인 주입식 교육에 집착하는 것은 경쟁에서 처진다는 것을 의미한다.

신앙계승은 4차 산업혁명에도 마찬가지이다. 현재 교회학교가 없는 교회가 80%에 달하는 현실에서 자녀들에게 신앙을 계승하고, 교회학교를 부흥시키며, 한국교회를 회복시킬 유일한 방법은 오직 하브루타이다. 하브루타는 하나님의 학습법으로 가정에서 먼저 도입해야 하는 신앙계승 방법이다. 그리고 교회에서 함께 해야 하는 교육이다. 신앙계승은 감성적인 도전을 주는 것이 아니다.

교회를 떠나가는 청년들을 위한 대책

'청년을 버렸던 교회'들로 인해 '교회를 버리는 청년'들이 급증하자 각 교회들은 긴급한 대책들을 내놓았다. 청년들이 좋아하는 것을 활성화시키기 시작한 것이다. '청년들이 좋아하는 것이 무엇인가?', '청년들을 교회에 머무르게 하는 방법은 무엇인가?', '청년들에게 어떤 동기를 부여하여 더 교회에서 머무르게 할 것인가?'를 연구했다.

내놓은 대책들이 바로 '청년들을 위한 카페', '청년들을 위한 열린 예배', '직업박람회', '단기선교', 운동, 독서, 음악 등 비슷한 관심사를 가진 청년들을 위한 '프렌즈 모임' 등 청년들이 매력을 느낄 대책들을 제시했다. 청년들 역시 '교회가 우리 청년들에게 관심이 있구나'를 느끼게 되었다. 이런 시스템을 가진 교회들은 시스템이 없는 교회보다 청년들을 홀딩(holding)하는데 도움이 된 것이 사실이다. 그러나 안타깝게도 이런 것들은 근본적인 대책이 되지 않는다는 사실이다.

찬양집회의 허와 실

결국 교회들이 내놓은 최고의 방법은 '찬양예배'이다 1980년 중반부터 시작된 찬양예배는 아직도 효과적이다. 찬양리더를 중심으로 한 찬양단원들과 수많은 악기들이 내는 소리는 청년들을 열광시키는 가장 탁월한 방법이었다. 마치 콘서트나 나이트클럽을 연상하는 악기소리와 고함은 청년들을 잠시나마 현실적인 고민과 어려움을 잊게 해주었다.

그들은 마구 소리 질렀다. 그리고 뛰어 올랐다. 박수를 쳤다. 몸을 흔들어댔다. 누구도 제지하는 사람이 없었다. 아니 가만히 있거나 제지하는 사람은 믿음이 없는 사람이었다. 더 크게, 더 높이 소리 지르고 흔들어대는 것이 청년들을 위한 최고의 대책이었다.

그렇게 음악은 끝나고 장내에 불은 꺼졌다. 사람들은 모두 제 갈 길로 돌아가고 현실은 눈앞에 직면해 있었다. 그러나 아무 것도 해결된 것은 없었다. 고민은 다시 다가왔고 현실은 다시 버거워졌다. 뭔가 신나서 소리 질렀는데 아무런 문제도 해결된 것이 없었고 몸은 피곤하고 마음은 허탈해졌다. '계속 이것을 해야 하나?'라는 의구심이 솟아오른다. 하나도 남는 것이 없어서 허탈한 것이 솔직한 그들의 심정이었다.

찬양집회를 비판하는 것이나 찬양집회를 하지 말라는 이야기가 아니라 현실을 직시하는 것이다. 그것으로 해결되지 않는다는 것이다. 지금 한국교회는 수많은 찬양집회에도 불구하고 교회를 떠나는 청년들로 골치가 아프다. 한 번 떠나간 청년들은 돌아오지 않는다. 교회에 실망한 그들이 교회에 던지는 언어는 지극히 비판적이다. 그러는 사이 교회는 점점 힘을 잃고 남은 청년들로 교회의 명맥을 유지하려 하지만 속은 불편하다.

왜 그럴까? 올바른 신앙계승이 없었기 때문이다. 찬양집회는 매력적이지만 그것이 청년들의 신앙계승을 보장하는 것이 아니다. 찬양하고, 기도하고, '아멘'이라고 열창한다고 신앙계승이 이루어지는 것이 아니다. 신앙계승은 찬양이나 감성이 아닌 하나님의 말씀으로 이루어진다. 거기에 누구나 공감할 수 있는 하브루타를 적용할 때 청년들은 구도자가 된다. 하나님의 말씀에 사로잡히고 그 말씀이 청년의 길과 진리가 되어 빛을 발하게 된다.

세상에서 가장 시급한 것은 남북통일이 아니라 다음 세대에게 하나님의 말씀으로 하브루타를 하는 것이다. 그렇게 될 때 가정은 회복될 것이다. 그리고 교회는 부흥될 것이다. 그리고 정치, 경제, 사회, 문화, 예술, 디자인, 금융, 의학 등에서 두각을 드러내는 하나님의 사람으로 인정받게 될 것이다.

교회가 하브루타를 외면하는 이유

교회 밖의 사람들은 더 똑똑하다. 그들은 변화에 민감하다. 그들이 교육의 개방세력이라면 교회는 교육의 보수세력이다. 하브루타가 탁월한 학습법이라는 소식이 들리자, 교회 밖에 있는 학원과 교육현장에서 하브루타를 도입하는데 총력을 기울이고 있다. 초등학교 교사들을 중심으로 '하브루타 연구회' 등을 통해 하브루타를 교육하고 있다. 또 서울 강남에서는 한국의 젊고 유능한 CEO들이 모여서 하브루타 방식으로 지식과 지혜를 나누는 하브루타 모임들이 활발하게 일어나고 있다.

그러나 정작 성경적 학습법인 하브루타가 교회에서는 외면을 받고 있는 실정이다. 하브루타의 특성인 질문하고, 대답하고, 토론하고, 논쟁하는데 익숙하지 않은 한국교회는 그것은 강단에 대한 도전으로 받아들이는 것이 현실이다. 목회자들은 기존의 설교방식만을 선호하고 있다. 앞에서도 말씀드렸지만 기존의 설교방식은 5% 미만의 효과가 있을 뿐이다.

설교자들은 설교방식이 자신에게 편하다는 이유로 주입식 교육인 설교를 포기하지 못한다. 5%의 학습효과만으로 교인들의 변화나 성장을 기대하는 것은 불가능에 가깝다. 설교자체가 문제가 아니라 방식이 잘못되었기 때문이다. 주입식 방식은 청중들이 듣는 것 같지만 사실은 전혀 듣지 않는 방식이다. 그런 방식으로 설교하는 것은 교육효과가 없는 것은 물론 한국교회를 쇠퇴시킨다.

하브루타의 시행착오를 두려워 말라

이제 하브루타를 도입해야 하는 것은 선택이 아닌 필수이다. 하브루타에 익숙하지 않아 시행착오가 있더라도 한걸음씩 전진하면 된다. 처음에는 어색하지만 곧 익숙하게 될 것이다. 처음에는 어수선하지만 곧 진지하게 될 것이다. 설교 도중 질문 받는 것이 어색하지만 질문은 질문자에게 설교 전체를 이해하고 답을 얻는데 최고의 방법이다.

하브루타의 묘미는 질문에 있다. 유대인들은 질문을 아주 긍정적으로 생각한다. 그들은 질문을 7가지로 이해한다.

1. 질문을 하면 답이 나온다.
2. 질문은 생각을 자극한다.
3. 질문을 하면 정보를 얻는다.
4. 질문을 하면 통제가 된다.
5. 질문은 마음을 열게 한다.
6. 질문은 귀를 기울이게 한다.
7. 질문에 답하며 스스로 설득이 된다.

이제 우리는 설교, 교육, 하브루타, 교제 등을 하브루타 방식으로 바꿔야 한다. 함께 망하는 것보다는 함께 사는 방법을 강구해야 한다. 하브루타는 자녀들을 살리며 한국교회를 살리는 유일한 학습법이다. 시대가 달라지면 학습법도 달라져야 한다. 기존의 공과나 QT로 한국교회를 회복시키지 못했다면 이젠 3,500년의 임상을 통해 세계적인 인물과 업적을 일궈낸 하나님의 학습법 하브루타를 도입하는 것은 당연한 것이다.

성경 하브루타를 인도하는 40가지 방법

그럼 우리는 '어떻게 하브루타를 할 것인가', 아니 '어떻게 성경 하브루타를 할 것인가'를 생각해 보아야 한다. 세미나를 통해 여러 차례 말한 바가 있지만 하브루타란 한국식 교육방식이 아니라는 사실이다. 따라서 하브루타의 방법을 하나하나 익혀나가는 것이 좋다. 처음에는 익숙하지 않지만 나중에는 자연스럽게 메타 하브루타를 하는 경지에 오르게 된다. 자신의 방식을 고집하면 하브루타로 시작했다가 다시 주입식 교육으로 돌아가는 사례를 접한 적이 한 두 번이 아니다.

하브루타 전문강사반에서 실습을 하다보면 나타나는 오류가 있다. 그것은 하브루타의 방식을 따르지 않고 자신의 방식을 고집하다가 얼굴이 붉어지거나, 잡담으로 전락하거나, 원하는 해답을 얻지 못하는 경우이다. 따라서 다음의 40가지 방법을 반드시 기억하는 것이 좋다. 특히 하브루타를 인도하는 리더에게 꼭 필요한 방법이다.

1. 하브루타를 하는 것 자체로 상대방을 귀하게 여기고 존경하라.

요즘 같이 실용적인 가치만을 추구하는 시대에 하브루타를 하는 사실 자체가 귀한 일이다. 어떤 동기에서 시작했든지 간에 계속 하브루타 모임에 나온다는 것은 성령의 역사하심이 없이는 불가능한 일이다. 그를 보내신 분은 하나님이시다. 그러므로 상대방을 뜨겁게 영접하고 귀하게 여기고 존경해야 마땅하다. 대개는 처음에는 이와 같은 마음을 갖지만 시간이 흐른 다음에는 처음 가졌던 마음을 잃어버리기 쉽다. 상대방이 어떤 사람이든지, 존중하고 귀하게 여기는 자세를 가지라.

2. 자기의 말만 하지 말고 상대방의 말을 경청하라.

하브루타를 할 때 가장 큰 실수는 자기의 말만 하는데 몰두 집중하는 것이다. 전달하고 싶은 내용은 많고 시간은 부족하다 보니 일방적으로 교재에 있는 내용을 전달하고 자신의 주장만 하려고 한다. 이렇게 일방적으로 주입식 전달을 하게 되면 상대방은 곧 흥미를 잃어버리고 지겨워하게 된다.

하브루타를 할 때에는 많은 말을 한다고 해서 다 전달되는 것이 아니다. 적절한 때에 한 마디 말이 심장에 박히기도 한다. 요즘은 자기 말을 들어 주는 사람을 만나기 어려운 시대이다. 이런 시대에 들어주는 것만으로 감동을 받는다. 또한 이렇게 귀를 기울여 들어 주면 상대방의 마음이 활짝 열려 더 깊은 하브루타의 세계로 들어갈 수 있게 된다.

3. 앵무새가 되지 말고 교재 내용을 자신의 것으로 먼저 소화시키라.

어떤 사람은 교재나 본문에 있는 내용을 토씨도 하나 틀리지 않고 그대로 전달하기도 한다. 그렇게 하는 것이 나쁜 것은 아니지만 먼저 자신의 것으로 소화되지 않은 상태에서 전달하는 것은 전체적으로 분위기를 딱딱하게 만들고 형식적이라는 느낌을 주게 된다.

또한 상대방과 Eye-Contact가 되질 않아서 인격적인 느낌을 주지 못함으로 하브루타가 자연스럽게 이어가기도 어렵게 된다. 하브루타를 하는 사람은 사전에 교재의 전체 내용을 반드시 숙지하도록 해야 한다.

4. 결론을 미리 주지 말고 상대방이 스스로 찾아가게 하라.

흥미를 계속 유지하기 위한 가장 좋은 방법은 자기 스스로 해답을 찾아가도록 유도하는 것이다. 하브루타를 할 때 처음부터 결론을 먼저 제시해 버리면 상대방은 더 이상 하브루타에 흥미를 갖지 못한다. 연역적 방식은 하브루타에 그리 효과적이지 못하다. 귀납적으로 하브루타에 접근할 필요가 있다. 자기 스스로 해답을 발견할 때 그 기쁨은 매우 크다. 또한 그렇게 얻은 결론은 쉽게 잊히지 않고 자신의 것으로 남기 마련이다.

하브루타의 원리는 생각할 거리를 질문의 형태로 던져 보는 것이다. 이와 같은 질문은 크게 두 가지 종류가 있다. 먼저는 성경 본문에 관한 질문이고 둘째로는 성경에서 찾은 하나님의 뜻을 나의 삶에 적용하는 과정에 필요한 질문들이다.

5. 본문과 상관없는 말은 하지 말라.

하브루타를 할 때 성경본문이 가지고 있는 선이해가 있다. 선이해가 강하게 작용할 경우에 어떤 본문을 가지고 하브루타를 하더라도 같은 내용의 신학적 진술을 반복하곤 한다.

예를 들어 그리스도의 십자가와 대속 사상을 가진 사람과 하브루타를 하게 되었을 경우 모든 본문이 대속 사상을 지지하는 본문인 것처럼 말하게 되기 쉽다. 이럴 경우 본문 해석이 억지스럽게 되어 버릴 가능성이 크다.

그렇게 되면 상대방은 성경 하브루타를 한다는 느낌이 들기보다는 상대방이 가진 사상을 주입 받고 있다는 느낌을 받게 될 수 있다. 또한 이런 식의 하브루타는 처음 몇 번은 내용이 있게 느껴지지만 계속 반복되는 내용 때문에 하다보면 식상해지기 마련이다. 하브루타를 할 때에는 항상 본문이 말하고자 하는 범위 내에서 말해야 한다.

6. 한 가지 일관된 주제로 하브루타 하라.

하고 싶은 말이 너무 많은 사람이 있다. 좋은 내용을 전하고 싶은 욕심이 앞서다 보면 여러 가지 주제를 다 다루게 된다. 이렇게 하브루타를 하다보면 자신은 내용을 충실하게 전했다는 보람이 들지도 모른다. 그러나 상대방은 이번 하브루타에서 무엇을 공부했는지 잘 기억나지 않는 경우가 생긴다. 너무나 많은 말을 들었기 때문에 한 가지도 제대로 남지 않는 것이다.

하브루타 한 번으로 모든 것을 다 다룰 수 없다. 어차피 하브루타는 앞으로 계속될 것이다. 한 번에 한 가지만이라도 확실하게 남도록 하는 편이 길게 보면 훨씬 더 나은 방법이다. 할 수 있는 말이 여러 가지 주제일지라도 그 중 하나를 선택하여 집중적으로 부각시키는 편이 좋다. 그렇게 해야 상대방은 그 말씀을 기억하고 삶에 적용할 수 있기 때문이다.

7. 자연스럽게 흐름을 이어 가도록 하라.

보통 하브루타는 질문과 질문의 연속으로 되어 있다. 이때 중요한 것은 질문과 질문 사이를 자연스럽게 연결시키는 것이다. 첫 번째 질문을 다루었을 때 자연스럽게 두 번째 질문으로 이어질 수 있도록 해야 상대방은 계속해서 사고의 연속성을 가지고 성경 본문을 다룰 수 있게 된다. 질문과 질문이 단절이 되어 있으면 사고의 흐름이 끊기게 되고 한 가지 주제를 부각할 수 없게 된다. 여러 질문과 소재를 다루기는 하지만 그것이 한 가지 주제를 향해서 흐름을 가지고 이어져야 하브루타 전체가 짜임새를 갖게 된다.

이와 같이 흐름을 잇는 방법은 여러 가지가 있다. 서로 다른 두 가지 견해를 대비해 가면서 논쟁의 형태로 흐름을 만들어 갈 수 있다. 혹은 시간의 흐름에 따라 기, 승, 전, 결의 스토리 구조로 이어갈 수 있다. 또 성경에 나오는 캐릭터의 대결 구도로 전개해 나갈 수도 있다. 어떤 방식으로 가든 전환이 자연스럽고 부드럽게 이어지도록 하는 것은 하브루타의 핵심이다.

8. 영어(NIV, NLT, NASB, NRSV) 성경, 새번역 성경 등은 한글 개역 성경의 애매한 부분을 푸는데 도움이 된다.

현재 한국교회는 개역개정판 성경을 쓰고 있다. 이 성경은 나름대로 오래 동안 다듬어져 온 관록이 있고 장중한 문체가 하나님께 대한 경외심을 불러일으키게 하는 장점이 있다.

그러나 이 성경 번역본은 약점도 많다. 구두점이나 문장 기호가 전혀 없어서 구조를 파악하기가 쉽지 않다. 번역 과정에서 접속사를 많이 생략해서 문장과 문장 사이의 관계가 모호하다. 또한 일상 언어에서 사용하지 않는 지극히 문어적 표현, 어려운 한자말 표현, 과거에만 주로 사용했던 단어 등이 많이 있어 가독성을 떨어뜨린다. 서사적인 부분은 그래도 별 문제가 없으나 특히 서신서 같은 경우 논리적 구조를 파악하기가 너무 어렵다.

이럴 때는 다른 번역본을 참조하는 것이 방법이다. 특히 구조 파악에 있어서는 영어 성경이 좋다. 영어 성경 중에서도 가장 원어에 충실한 NASB나 NLT는 문법적 구조를 분석할 때 유용하다. 만약 NASB의 영어가 너무 어렵다고 느껴질 때는 NLT가 좋은 대안이 될 수 있다. 원어에 충실하면서도 약간의 현대적 의역이 가미된 무난한 영어 성경을 찾는다면 NIV가 가장 좋다. 한글 성경 중에서는 현대적인 일상어로 된 새번역 성경을 함께 보는 것이 좋다. 만약 시편이나 선지서 같이 시적 표현이 주류를 이루는 성경의 경우는 공동번역성서를 보는 것도 좋다.

9. 필요할 때 지도나 사진, 연대표를 활용해 보라.

하브루타를 할 때 필요한 자료들이 있다. 바로 지도와 사진, 연대표 등이다. 지도는 성경 본문 속에 나오는 지명을 이해하기 위해서 필요하다. 널리 알려진 지명인 경우는 굳이 지도를 사용할 필요는 없다. 그러나 성경 본문에서 중요한 의미를 담고 있으나 익숙하지 않은 지명은 지도를 보는 편이 좋다.

또한 특별히 여행 기사를 담고 있는 성경 본문이 있을 경우에는 지도를 보면서 여행 경로를 함께 따라가도록 해 주면 효과적이다. 미리 지도를 준비할 수도 있고 지도가 부록으로 붙은 성경책을 활용하는 방법도 있다. 사진은 고고학적인 자료들을 인용할 때 필요하다. 또는 성경에 나오는 각종 동물이나 식물의 모습을 보여줄 때 사용한다.

만약 출애굽기에서 성막에 관한 규례를 하브루타를 한다면 성막 모형에 대한 사진이나 삽화는 거의 필수적이라고 해야 할 것이다. 연대표는 열왕기나 역대기 등의 왕들의 계보를 확인하는데 필수적이다. 북이스라엘과 남유다 그리고 당시 주변 열강들의 왕들을 함께 병렬적으로 보여주는 연대표가 있다면 가장 좋다. 또한 다니엘서와 같은 선지서에서 미래에 있을 일들에 대한 예언을 정리해서 보여줄 때 연대표가 필요하다. 보조 자료들을 적절히 사용하게 되면 열 마디 말로 설명해야 할 것은 한 두 마디로 더 정확하게 전달할 수 있다.

10. 상대방의 상황에 맞는 적용까지 꼭 해 주라.

흔히 하브루타를 할 때 성경 내용에 충실하면 상대방이 스스로 자신의 삶에 잘 적용할 것으로 착각하곤 한다. 그러나 아무리 본문 내용을 잘 이해하였다 하더라도 대다수의 사람들은 그 성경 본문을 어떻게 자신의 삶과 연결시킬지에 대해서는 전혀 감을 잡지 못한다. 이렇게 되면 성경 하브루타는 지적인 공부가 되고 만다. 머리로만 성경을 이해할 뿐 삶의 변화는 없게 된다.

그러므로 하브루타를 할 때에는 성경을 잘 해석하는 것 뿐 아니라 그 성경의 뜻을 오늘 여기에서 어떻게 우리 삶에 적용하고 실천할 것까지 생각해야 한다. 이런 이해를 바탕으로 성경을 나의 삶에 어떻게 적용시켜야 할지를 생각하게 하고 이를 반드시 실천할 수 있도록 격려하고 자극해야 한다.

이 경우에도 먼저 무조건 적용을 제시하는 것보다는 자신이 스스로 적용할 수 있도록 유도하는 편이 좋다. 만약 상대방이 적용에 어려움을 느낀다면 내 자신은 어떻게 자신의 삶에 성경을 적용하고 있는지 혹은 하려고 하는지를 사례로 알려주는 방법도 좋은 방법이 될 수 있다. 특히 자녀들과 하브루타를 할 때는 부모의 사례가 좋은 적용이 될 것이다.

11. 시간을 지키는 것을 중요하게 생각하라.

하브루타를 할 때 반드시 시간을 지키는 습관을 가져야 한다. 한두 번 늦는 습관이 형성되면 좀처럼 바꾸기 어렵다. 하브루타도 마찬가지다. 한 번 늦게 시작하는 버릇이 들면 계속 그렇게 된다. 하브루타는 혼자서 하는 것이 아닌 상대방과 하는 것이기 때문에 내 자신부터 시간을 지켜야만 상대방도 시간의 중요성을 알게 되고 지키게 된다.

사람의 마음이라는 것이 엔트로피의 법칙(entropy law)처럼 흩어지기 마련이어서 늦기 시작하면 점점 더 늦어지게 된다. 그러므로 시간은 철저히 준수하는 편이 좋다. 이를 위해서는 가급적 10분 전에는 와서 대기하고 준비하고 있어야 한다.

내가 먼저 시간에 대해 긴장을 하고 있는 모습을 보여주면 상대방도 잘 따라온다. 하지만 내가 늦기 시작하면 서로 서로 봐주는 분위기가 형성되어 나중에는 수습할 수 없는 지경에 이르게 된다. 또한 하브루타를 시작하는 시간뿐만 아니라 끝나는 시간도 약속한 시간 내에 끝내도록 해야 한다. 끝나는 시간에 대한 긴장감이 사라지게 되면 불필요한 이야기를 많이 하게 되거나 질질 늘어지게 되기 쉽다.

12. 내 편의에 맞추어 쉬거나 시간을 옮기지 마라.

살다 보면 부득이한 사정이 생겨서 약속을 취소하거나 변경해야 할 때가 있다. 갑자기 몸이 아프다거나 반드시 참석해야 하는 모임이나 자리가 생길 때가 그럴 때이다. 하지만 그럴 일이 자주 생기지는 않을 것이다. 이런 부득이한 경우 외에는 취소하거나 약속 시간을 옮기지 말아야 한다. 아프더라도 심한 것이 아니면 하브루타의 약속을 지켜야 한다. 자녀들과의 약속도 귀하게 여겨야 한다.

이렇게 내가 최선을 다하는 모습을 보일 때 상대방도 자신이 하고 있는 하브루타가 중요하다는 것을 자연스럽게 인식할 수 있게 된다. 그렇지 않고 조그마한 일에도 약속을 변경하게 되면 상대방 역시 작은 일에도 계속 약속을 바꾸게 될 것이고 결국 하브루타가 흐지부지하게 될 것이다. 그러므로 조금 힘들고 부담스러운 때라 할지라도 내가 먼저 자기를 부인하고 약속을 지킬 수 있도록 해야 한다.

13. 하브루타 시간을 잊어버릴 수 있기 때문에 다시 한 번 알려 주라.

하브루타가 나에게는 매우 중요한 공부일지 몰라도 상대방에게는 그렇지 않을 수 있다. 그러므로 나는 기억하지만 상대방은 잊어버릴 수 있다는 사실을 이해해야 한다. 이를 미연에 방지하기 위해서는 이미 약속한 경우에도 약속 전날이나 당일 날에 간단히 문자 메시지 등으로 약속을 환기시켜 줄 필요가 있다.

요즘에는 문자 메시지 외에도 카카오톡이나 다양한 스마트폰 어플을 통해서 연락을 할 수 있다. 설령 상대방이 약속 시간을 잊지 않고 있었다 할지라도 메시지를 받게 되면 '하브루타 약속이 이처럼 중요한 약속이구나' 하는 느낌을 갖게 만들어 하브루타에 임하는 자세를 다르게 만들 수도 있다.

그러나 한 가지 주의할 것은, 오직 약속 시간을 상기시키는 목적으로만 문자 메시지를 보내는 일은 없도록 하는 것이 좋다. 그냥 평소에 안부를 묻거나 상대방에 대한 관심에 대한 목적으로도 문자를 보내도록 한다. 이런 교류 없이 하브루타에 대한 내용만 문자로 받게 되면 상대방은 하브루타가 사무적이고 딱딱한 것이 아닌가 라고 느끼게 되기 쉽다.

14. 하브루타에 집중할 수 있는 분위기인지 먼저 살피고 방해물을 제거하라.

유대인들은 하브루타의 장소에 큰 영향을 받지 않는다. 그들은 오랫동안 하브루타를 했기 때문에 장소에 구애되지 않는 편이다. 그러나 하브루타에 익숙하지 않은 사람들은 집중할 수 있는 분위기가 매우 중요하다.

일단 서로가 나지막한 소리도 다 들을 수 있는 조용한 환경이 필요하다. 또한 지나치게 사람들이 많이 다니는 곳도 곤란하다. 너무 덥거나 너무 추운 것도 문제가 된다. 하브루타를 본격적으로 시작하기에 앞서 장소가 하브루타에 적합한지 여부를 먼저 확인해 보아야 한다. 만약 방해 요소가 있다면 제거하고 시작해야 한다.

만약 그 방해 요소를 제거할 수 없다면 다른 적합한 장소로 이동하는 편이 좋다. 또한 방해 요소라는 것도 사람마다 다르다는 것을 인지할 필요가 있다. 어떤 사람은 소리에, 어떤 사람은 온도에, 어떤 사람은 냄새에 민감하다. 각 사람에게 민감한 부분을 잘 살펴서 대응할 필요가 있다.

가정에서의 하브루타를 할 때 유의해야 할 부분은 TV와 스마트폰이다. 하브루타를 할 때는 시간을 지정하고 그 시간만큼은 TV나 스마트폰을 사용하지 않을 것을 약속한다. 많은 경우 하브루타를 방해하는 1순위는 스마트폰이다. 그 시간만큼은 스마트폰을 꺼두자.

15. 무례하게 말하지 말라.

편하게 말하는 것이 장점을 가질 때도 분명 있다. 편한 말은 좀 더 격의 없고 친근한 관계를 형성할 수 있게 해 준다. 하지만 적어도 하브루타를 하는 동안 반말 사용은 가급적 자제하는 편이 좋다. 격의 없는 것도 좋지만 자칫하면 실수를 하게 되기 쉽다. 자기도 모르게 격한 표현이나 품위 없는 말 혹은 인격을 무시하거나 모독하는 말을 하게 될 수 있다. 그렇게 한 번 실수를 하게 되면 다시 되돌리기가 쉽지 않다.

그러므로 가능하면 존댓말을 사용하도록 하라. 예외적으로 어릴 적부터 이미 알고 있던 사람이나 자녀들의 경우는 존댓말이 오히려 더 어색할 수 있기 때문에 반말로 해도 좋을 것이다. 다만 분명한 것은 하브루타를 하면서 상대방이 존중 받고 있다는 느낌을 주는 것은 중요하다.

16. 하브루타는 밝은 분위기를 유지하라.

하브루타를 할 때 시종 일관 밝은 분위기를 유지하도록 노력해야 한다. 밝은 분위기는 사람의 마음을 열게 한다. 마음이 열려야 성경의 메시지를 받아들일 수 있다. 밝은 분위기를 내기 위해서는 일단 표정이 밝아야 한다. 미소 짓는 얼굴, 때로는 화통한 웃음이 좋은 효과를 낸다. 또한 억양과 톤도 중요하다. 가라앉은 목소리나 신경질적인 목소리는 피해야 한다. 심지어는 옷차림도 신경을 쓸 필요가 있다. 가급적 밝은 색깔의 옷을 입고 어두운 색깔은 피하도록 한다.

여성은 지나치게 화려하거나 노출이 있는 옷을 피해야 한다. 남성들은 깔끔하게 옷을 입도록 하고 너무 캐주얼한 옷은 피하도록 한다. 만약 하브루타를 시작하기 전에 좋지 않은 일이나 불쾌한 일을 경험했다면 그 경험이 하브루타까지 이어지지 않도록 주의해야 한다. 가볍게 기분 전환을 하거나 기도를 한 후에 하브루타에는 새로운 마음, 밝은 마음으로 임하도록 한다. 그렇지 않으면 무거운 주제를 만났을 때 상대방에게 큰 부담을 줄 수 있다는 사실을 기억하라.

17. 열정을 갖고 하브루타를 하라.

어떤 목회자는 열정이 없는 설교는 하나님에 대한 모독이라고 하였다. 하브루타 역시 마찬가지이다. 열정이 없는 하브루타는 성경에 대한 모독이라고 말할 수 있다. 왜냐하면 성경을 알게 되면 열정적이 되지 않을 수 없기 때문이다. 내 자신이 열정이 없으면 상대방도 하브루타에 대해 큰 기대를 갖지 않게 된다. 기대가 없는 하브루타는 아무런 열매를 맺지 못한다.

오해하지 말라. 열정을 갖고 하브루타를 하라는 것은 시종일관 큰 소리로 하라는 뜻은 아니다. 작은 소리로도 얼마든지 열정을 담을 수 있다. 오히려 시종일관 큰 소리로 강조를 계속 한다면 상대방은 피곤해져서 역효과가 날 수 있다. 차분하게 진행하다가도 중요한 핵심적인 메시지를 전달하게 되는 순간 열정을 담아 전달하면 된다. 이러한 열정은 자신이 성경을 깊이 묵상하고 말씀의 문이 열리게 되었을 때 자연스럽게 우러나오기 마련이다.

18. 상대방의 차가운 반응에 같이 휘둘리지 마라.

하브루타를 하다 보면 간혹 상대방으로부터 차가운 반응이 나올 때가 있다. 차가운 반응은 여러 종류가 있다. 하는 말마다 반박을 하는 경우가 있다. 말꼬리를 붙잡고 끊임없이 반박을 하는 경우이다. 사소한 일을 가지고 계속 비판적으로 반응한다.

또 어떤 경우에는 아무 반응을 보이지 않아 너무 답답한 때도 있다. 질문을 던져도 대답을 하지 않는다. 마치 몸은 그 자리에 있지만 혼은 떠나 있는 듯이 보이는 사람도 있다. 이런 두 종류의 사람들이 하브루타 파트너로서는 상대하기 참 어려운 사람들이다. 어떻게 해야 할지 당황스럽다. 그러다 보면 자칫 상대방의 페이스에 휘말려 들어가기 쉽다.

첫 번째 종류의 사람인 경우 논쟁을 벌이나 흥분해서 말다툼을 벌이게 되기 쉽다.

두 번째 종류의 사람인 경우는 반응이 없는 상대에 대해 당황하여 자신이 할 말을 잊어버리게 되기 쉽다.

이때 지혜로운 방법은, 첫 번째 반응을 보이는 사람에 대해서는 직접적인 대응을 피하고 자연스럽게 본론으로 이끌어 들이는 전략을 취해야 한다. 두 번째 반응을 하는 사람을 대하는 방법은 상대방 대신에 자신이 대신 반응을 보이고 그 반응에 대해 다시 다음 내용을 이어가는 방법으로 대처하는 것이다. 물론 이렇게 하는 일이 쉬운 일이 아니다. 그러므로 여러 번의 시행착오가 있을지도 모른다. 하지만 몇 번 이런 류의 사람들을 접하다 보면 대처 방법을 스스로 터득할 수 있게 된다.

19. 상대방이 한 말에 진지한 반응을 보이라.

어떤 사람은 자기가 하고 싶은 말이 너무 중요하다고 여겨서인지 상대방이 하는 말에는 귀를 기울여 듣지 않고 반응을 하지도 않고 자기 말만 하는 경우가 있다. 이렇게 되면 상대방은 마음에 상처를 받고 마음을 닫게 될 수도 있다.

자신이 듣기에는 별 중요한 이야기도 아닌 것 같아 보일지라도 상대방에게 굉장히 큰 깨달음이거나 속에 있던 말을 용기 내어 밖으로 표출하고 있는 것일지도 모르기 때문이다. 그래서 평소에도 약간의 과장된 반응이 아닐까 싶은 생각이 들 정도로 상대방의 말에 대해 반응, 소위 말하는 리액션(reaction)을 해 줄 필요가 있다. 이렇게 내 자신이 진지한 반응을 계속 보이게 되면 상대방은 더욱 신이 나서 많은 이야기를 하게 되고 자기 속마음을 다 털어 놓게 된다.

상대방이 말을 할 때는 상대방의 말만 집중해서 들어야 한다. 많은 사람들이 상대방이 말을 할 때 자기가 다음에 할 주제를 머릿속으로 떠올리며 딴 생각할 때가 많다. 상대방이 모를 것 같지만 눈치로, 육감으로 이를 다 알고 있다. 그러므로 하브루타를 할 때는 먼저 듣는데 집중하라. 자기가 할 말은 그 다음에 생각해도 늦지 않으니 상대방이 말할 때는 그 말만 귀 기울여 듣도록 해야 한다.

20. 적절하게 예화를 사용해 보라.

설교에서와 마찬가지로 하브루타에서도 예화는 중요하다. 예화는 성경의 내용을 더 잘 쉽게 이해할 수 있도록 하는 역할을 하기도 하고, 자신의 삶에 대해 어떻게 적용해야 하는지에 대한 힌트를 제공하기도 한다. 적절한 예화를 사용하게 되면 전하고자 하는 메시지가 증폭되는 효과를 낳는다. 하지만 그 전제는 적절한 예화 사용이다. 적절하지 못한 예화를 사용하면 아예 사용하지 않은 것만도 못한 결과를 낳게 될 수 있다.

적절하다는 기준은 여러 가지를 들 수 있다. 일단 예화가 전달하고자 하는 메시지의 내용과 일치하는 예화여야 한다. 때로 엉뚱한 예화를 들기도 하는데 그렇게 되면 상대방은 내가 무엇을 전달하려고 하는지 갈피를 잡지 못하게 된다.

  또한 예화는 정확한 내용을 신빙성 있게 전달해야 한다. 주워들은 이야기를 대충 기억나는 대로 말하다가 사실 관계를 잘못 알고 전달하게 될 수 있다. 대부분의 경우는 상대방도 잘 몰랐던 이야기이기 때문에 문제가 안 될 수도 있다. 그러나 만약 상대방이 그 부분에 대해서 잘 아는 사람이라면 내가 든 예화의 오류나 허점을 금방 알게 될 것이다. 그렇게 되면 내가 전하는 성경의 메시지조차도 신빙성이 약한 것으로 여기게 되어서 하브루타의 효과는 반감되고 말 것이다.

  또한 예화 사용에서 주의할 점은 너무 극단적인 사례를 취해서 일반화시키지 않도록 해야 한다는 것이다. 극적인 예화가 사람에게 충격을 주어 오랫동안 잊히지 않게 만들 수 있다. 그러나 그렇다고 해서 너무 자극적인 소재나 스토리를 계속 사용하게 되면 나중에 가서 극적인 예화도 극적으로 들리지 않고 평범하게 들리게 된다. 극적인 예화는 그 야말로 최후의 한 방이 되어야 한다.

21. 예화는 흔히 알려진 것보다 자신의 삶에서 나온 생생한 것이 좋다.

  막상 예화를 들려고 하면 적당한 예화를 찾기가 쉽지 않다. 그러다 보면 예화집이나 유머집 등을 참고하게 되는 경우가 있다. 그러나 예화집이나 유머집에 있는 예화들은 이미 수많은 사람들이 사용한 예화들이기 때문에 상대방에게 식상하게 들릴 수 있다. 기대감을 전혀 생성시키지 못하게 된다. 그런 예화들은 주로 미국의 이야기, 혹은 옛날 이야기이기 때문에 현재 여기에 살고 있는 사람들에게는 먼 곳의 이야기, 딴 세상의 이야기처럼 들릴 수 있다.

그러므로 가장 좋은 예화는 우리 삶 주변에서 일어나는 이야기이다. 일상의 경험이 녹아있는 예화는 상대방에게 공감을 불러일으키게 된다. 또한 구체성이 있기 때문에 더욱 실감이 난다. 그리고 이전에 다른 사람들이 사용한 예화일 가능성이 전혀 없기 때문에 신선하게 들리고 기대감을 갖게 만든다. 하브루타를 재밌게 하기 위해선 평소 삶 속에서 이런 예화들을 잘 수집하고 발굴해 두어야 한다. 작은 수첩 등을 들고 다니면서 좋은 예화가 될 만한 일들을 기록해 두는 습관을 들이는 것은 좋은 방법이다.

22. 유머는 마음의 벽을 허물고 공부에 집중하는데 도움이 된다.

'하브루타를 하는데 유머가 무슨 필요가 있느냐?' 고 여기는 사람들이 있다. 그러나 유머는 대화하는데 있어서 유익하다. 왜냐하면 유머는 사람들의 마음의 벽을 허물고 하브루타에 집중하는데 도움을 주기 때문이다. 성경 자체에 유머스러운 부분들이 있다는 사실을 기억해야 할 필요가 있다.

예를 들면 선지서의 많은 부분들이 이른 바 유머와 위트를 시도하고 있다. 창세기에서 이삭의 탄생을 전후하여 하나님과 사라가 나누었던 대화를 우리를 웃음 짓게 만든다. 예수님이 말씀하는 비유에서도 유머와 위트를 발견할 수 있다. 설교의 황태자라고 불렸던 찰스 스펄전(Charles. H Spurgeon)은 유머 사용에 있어서도 탁월했던 것으로 알려져 있다. 그러므로 하브루타를 할 때에도 필요한 순간에 적절히 유머를 사용하는 것이 좋다.

　유머가 가장 필요한 순간은 대개 하브루타가 처음 시작되는 부분일 것이다. 아무래도 하브루타를 본격적으로 시작하기에 앞서 어색하거나 긴장된 분위기를 누그러뜨리는데 유머만한 것이 없다. 또한 중간 중간 사람들이 조금 지루해 할 때 유머를 사용하게 되면 분위기를 부드럽게 하고 다시 집중할 수 있도록 하는 효과를 거둘 수 있다. 지나치게 유머에 집착할 필요는 없지만 잘 사용하면 좋은 약이 된다.

23. 유머를 품위 있게 사용하라.

　유머를 사용해서 분위기를 화기애애하게 만드는 것이 아니라 오히려 썰렁하게 만들 때가 있다. 바로 불유쾌한 유머를 사용하는 경우이다. 불유쾌한 유머는 저속한 유머를 말한다. 예를 들어 성적인 내용의 유머, 특정 그룹을 비하하거나 조롱하는 유머 등이 여기에 해당한다. 이런 유머가 재미를 줄지는 모르겠지만 하브루타의 품격을 저하시킨다. 동시에 성경의 품격을 함께 저하시킨다. 그리고 나의 인격마저 저하시킨다.

　그러므로 불유쾌한 유머는 하지 말아야 한다. 마찬가지로 지나친 비속어 사용도 자제해야 한다. 상호 신뢰 관계에 있는 경우에 가벼운 비속어 사용은 오히려 소통을 촉진시키는 매개체 역할을 할 수도 있다. 그러나 사람에 따라서는 비속어가 불쾌한 느낌을 받게 만들 수 있다. 그러므로 조심할 필요가 있다.

24. 하브루타 전후에 식사나 먹을 것이 함께 하면 좋다.

사람은 먹을 것이 있으면 일단 마음이 풀어진다. 마음이 열리면 하브루타의 효과도 증대된다. 가능하다면 하브루타 전에 식사를 하거나 가볍게 간식을 나누면 좋다. 먹다 보면 기분이 좋아진다. 이런 저런 이야기를 먹으면서 나누다 보면 분위기가 부드러워지고 따듯해진다. 나의 저서인 『카푸치노 인생레슨』에 보면 나의 멘토였던 벤 윌슨(Ben Wilson)은 항상 하브루타에 앞서 같이 카푸치노를 마시는 시간을 가졌다.

만약 하브루타 전에 식사를 했다면 커피나 차 종류를 마실 수 있다. 식사하기가 애매한 시간이라면 과자나 과일 종류를 간식으로 함께 할 수 있다. 단, 주의할 점은 교사가 자기중심적으로 일방적으로 음식의 종류를 선택하지 않도록 하여야 한다. 커피를 마시지 않는 사람도 많이 있고 과자나 사탕을 싫어하는 사람도 있다는 점을 생각하고 상대방을 배려해야 한다.

25. 음식물을 먹고 난 후 깔끔한 뒤처리를 잊지 마라.

음식물을 먹고 난 후에는 쓰레기나 남은 음식물을 잘 처리해 주어야 한다. 어떤 경우는 남은 음식을 그 자리에 그냥 두고 가는 경우도 있다. 내가 이런 모습을 보여준다면 상대방은 나의 인격적 성숙을 의심하게 될 수 있다.

입으로는 좋은 말을 하지만 실제 삶에서는 말과는 다른 삶을 살고 있다고 여기게 된다. 음식물뿐이 아니다. 하브루타를 했던 자리를 뒷

정리하는 것도 여기에 포함된다. 만약 방을 사용했다면 전등불을 끄고 나가는 것을 잊지 말아야 한다. 사소한 일들처럼 보이지만 인격은 사소한 일들을 통해 드러나게 마련이다.

26. 1번 질문을 갖고 너무 오래 붙들고 있지 마라.

우리가 자주 범하는 실수 중에 하나이다. 첫 번째 질문을 가지고 너무 오래 씨름하는 것이다. 그러다가 정해진 시간이 점점 가까이 오자 뒷부분은 급하게 끝내 버리게 된다. 만약 첫 번째 질문에 전체의 핵심이 들어 있다면 그나마 괜찮겠지만 만약 마지막 문제에 포인트가 있다고 하면 낭패가 아닐 수 없다. 1번 질문을 의도적으로 간단히 끝내겠다는 의지를 갖지 않으면 이런 실수를 계속 범하게 된다.

좋은 방법 중 하나는 각 문제별로 미리 시간을 할당해 두는 방법도 있다. 이를 잘 지키려면 물론 시간을 체크하면서 하브루타를 해야 한다. 스마트폰의 스톱워치나 타이머를 사용해도 된다. 처음에는 약간 이렇게 엄격하게 시간을 준수하다가 어느 정도 익숙해지면 타이머 없이 할 수도 있다. 만약 지엽적인 문제에서 너무 깊이 나가버릴 경우에는 어느 선에서 흐름을 끊고 다음 질문으로 나아가도록 해야 한다. 그렇지 않으면 작은 주제에만 매달리다가 정작 큰 주제를 놓치게 될 수도 있기 때문이다.

27. 하브루타로 설교를 대신하려고 하지 마라.

하브루타는 하브루타일 뿐이다. 하브루타가 설교를 대신할 수는 없다. 하브루타는 질문과 대화를 통해 나눔을 갖는 나름의 영역이 있고 설교는 설교의 영역이 있다. 하브루타에 너무 욕심을 부리면 설교의 영역을 침범하게 된다. 하브루타는 설교를 잘 뒷받침하고 혹은 설교에서 부족한 부분을 보충하는 정도로 만족해야 한다.

한 마디로 힘을 빼야 한다. 하브루타로 끝장을 내려고 하지 말고 성경에 대한 관심과 흥미를 갖게 하고 스스로 성경을 이해하고 터득할 수 있는 방법을 알려주는 정도로 목표를 잡으면 무난할 것이다. 설교는 하나님께서 교회에 주신 독특한 역할과 사명이 있다. 하브루타를 하는 모든 사람들은 이 부분을 인정해야 한다.

28. 가다가 삼천포로 빠지지 마라.

'삼천포' 분들에게는 죄송스럽지만, 하브루타를 하는 중에 삼천포는 위험하다. 하브루타 중에 꼬리에 꼬리를 무는 이야기 속으로 빨려 들어가는 경우가 종종 있다. 한참 이야기를 하다 보면 왜 이 이야기를 하고 있는지 아무도 모르는 당황스러운 상황이 생기기도 한다. 이런 하브루타는 하브루타라기 보다는 잡담이나 수다라고 해야 적합하다.

잡담이나 수다는 그것 나름대로의 가치는 있지만 하브루타의 본연의 목적을 잊어서는 안 될 것이다. 하브루타 중에 대화가 엉뚱한 곳으로 흘러가지 않도록 잘 통제해야 한다. 간혹 자신이 삼천포로 빠지는 것이 심각한 문제이다. 자신이 관심이 있는 분야에 대한 이야기를 하다 보면 이렇게 되는 경우가 있다. 이때야 말로 스스로 절제가 필요한 순간이다.

29. 특정 이념이나 정당에 대한 정치적 견해가 담긴 말은 조심해서 하라.

하브루타를 하러 온 사람들의 정치적 색깔이 다 같을 수는 없다. 흔히 젊은이에게 보수라는 도식이 맞지 않는 경우도 많다. 정치 이야기는 대화의 소재로 적합하지 않다는 훈련을 받은 사람은 좀처럼 자신의 정치적 견해를 드러내기를 꺼려한다. 또 어떤 사람은 정치에 대한 깊은 관심을 가지고 있고 자기와 반대편에 있는 사람에 대한 적대감을 가지고 있는 경우도 있다.

이런 상황을 고려해 볼 때 하브루타를 할 때 함부로 정치적 견해를 표명하는 것은 지혜롭지 않다. 왜냐하면 상대방이 내가 가진 정치적 견해 때문에 하브루타에 대해 마음의 문을 닫을 가능성이 있기 때문이다. 또한 자칫하면 이 문제가 말다툼이나 논쟁으로 이어질 가능성도 있다.

특히 특정 정당에 대한 맹목적 지지 발언, 시사 이슈에 대한 편협한 견해 표명 등은 삼가야 한다. 상식적이고 보편적인 선에서 언급하는 것이 무난하다. 그러나 때로는 성경에서 말하는 바가 명백한 경우에 대해서는 정파적 이해관계를 넘어서 명확하게 지적할 필요가 있다.

30. 하브루타 중에 들었던 사적 이야기를 다른 사람들에게 함부로 퍼뜨리지 마라.

하브루타가 신뢰를 얻게 되면 상대방은 마음속에 있는 말, 과거에 상처 받았던 경험 등을 진솔하게 나누게 된다. 여기까지 오기에 많은 시간과 정성이 든다. 그런데 이런 신뢰를 단 번에 깨어버리는 경우가 있는데 바로 사적 이야기를 다른 사람들에게 함부로 말하는 경우이다.

로마 가톨릭에서는 고해 성사라는 것이 있다. 그리고 로마 가톨릭 신부는 고해 성사에서 들은 말을 반드시 비밀에 부쳐야 할 의무가 있다. 이와 마찬가지로 하브루타 때에 들었던 사적인 이야기에 대해서는 오직 자신만이 알고 있는 비밀로 남겨 두어야 한다. 그렇지 않아서 이야기가 돌고 돌아 본인 귀에 다시 들어가게 된다면 얼마나 큰 상처를 받게 되겠는가. 이런 일이 한 번 일어나고 나면 다시 신뢰를 회복하기가 거의 불가능할 수도 있다. 만약 기도 제목으로 서로 나누고 싶다면 반드시 사전에 상대방에게 그렇게 해도 되겠는지 허락을 받도록 해야 한다.

31. 성경 하브루타는 권위가 있어야 한다.

권위가 있는 것과 권위적이 되는 것과는 다른 것이다. 하브루타, 특히 성경 하브루타를 할 때에는 권위적이 되어서는 안 되지만 권위가 있어야 한다. 그 권위는 자신에게서 나오는 것이 아니다. 내가 성경 말씀을 있는 그대로 나눈다는 점에서부터 나오는 권위이다. 만약 내가 성경을 왜곡하거나 잘못 해석한다면 그의 권위는 정당성을 상실하게 된다.

그러나 적어도 성경 본문이 가진 명백한 뜻을 나누려고 할 때는 권위 있게 전달할 필요가 있다. 그래야 상대방이 그 메시지를 사람의 말이 아닌 하나님의 말씀으로 듣게 되기 때문이다. 성경 하브루타를 할 때는 하나님의 말씀을 존중하는 자세로 그 자리에 있다는 것을 항상 기억해야 한다.

32. 말이 어눌한 것은 오히려 장점이 될 수 있다.

말이 어눌한 것을 약점으로 여기는 사람들이 있다. 그러나 이는 오히려 장점이 될 수 있다. 왜냐하면 어눌한 말투는 상대방에게 여유를 준다. 상대방이 비집고 들어 온 틈을 만들어 준다는 뜻이다. 그렇게 되면 자연스럽게 참여가 이루어지고 하브루타가 활성화된다.

유창하고 달변인 사람이 하브루타를 잘 할 것 같은데 오히려 역효과가 날 때도 많다. 일방적인 전달이나 주입으로 하브루타가 이뤄질 가능성이 크기 때문이다. 사도 바울이 고린도전서에서 자신은 말의 유창함이 아니라 성령의 나타나심으로 사역했다고 고백했듯이 하브루타를 할 때에도 말의 유창함보다는 성령의 나타나심과 능력을 사모해야 할 것이다.

33. 하브루타 소요 시간은 상대방의 수준과 상황에 따라 다르게 정하라.

하브루타 소요 시간은 대략 한 시간에서 한 시간 반 정도가 적당하다. 그러나 이것은 일반적인 수준이고 대상에 따라 다르게 적용하여야 한다. 나이가 어린 자녀들은 대체로 집중하는 시간이 짧다. 그러므로 좀 더 시간을 줄여야 할 필요가 있다. 또한 시간이 없는 직장인이나 수험생 자녀의 경우 너무 길게 하면 부담을 많이 느끼게 된다.

반면 시간적 여유가 있는 사람은 2시간 정도까지 하브루타를 할 수 있다. 하지만 2시간 이상은 모든 사람에게 집중력을 유지하기에 무리가 될 것이다. 가급적 하브루타 시간은 약간 부족한 듯이 마치는 것이 더 좋다. 아쉬움이 남아야 다음 하브루타 시간을 더욱 사모하게 될 것이기 때문이다.

34. 모르면 그냥 모른다고 하라.

하브루타를 할 때 모른다는 말하기를 두려워해서는 안 된다. 철저하게 준비를 해도 갑작스러운 질문에 준비가 안 되어 있는 상황이 생길 수 있다. 그 때 자존심 때문에 모르는 것을 아는 것처럼 적당히 둘러서 대답할 수 있다. 그러나 그 당시 잠깐 동안은 이런 방법이 효과가 있을지 모르지만 결과적으로는 부정적인 결과를 낳는다. 만약 상대방이 답을 알고 있는데 엉뚱한 대답을 해 준다면 신뢰와 존경을 잃어버리게 된다. 둘러 댄 말을 상대방이 꼬치꼬치 캐묻는다면 곧 들통이 나서 더 큰 곤경에 빠지게 될 수도 있다.

그러므로 모를 때는 그냥 모른다고 하는 편이 옳다. 오히려 이렇게 정직하게 대응하는 편이 더 큰 존경과 신뢰를 가져다 줄 수 있다. 더 좋은 방법은 모른다고 일단 정직하게 답을 한 후에 다시 열심히 연구를 해 와서 이전의 하브루타를 보충해 주는 것이다.

35. 만약 다음에 알려 주겠다고 했으면 꼭 약속을 지키라.

많은 사람들이 다음에 알려 주겠다고 했던 약속을 잊어버린다. 물론 하브루타를 했던 사람도 대부분 잊어버린다. 그러나 잊지 않고 미흡했던 답변을 성실하게 준비해 오면 상대방은 감동을 받는다. 한 마디라도 허튼 소리를 하지 않는다는 사실을 알게 되어 신뢰감을 형성하게 된다. 다음에 공부해서 보충하겠다고 했던 부분이 있다면 따로 메모를 해 두는 습관을 갖는 것이 좋다. 이런 내용을 연구하고 조사하는 활동은 자신을 성장하게 한다. 그러므로 이 약속은 자신을 위해서도 지키는 것이 좋다.

36. 5분에서 10분 안에 끝낼 수 있는 짧은 하브루타도 준비하라.

우리는 하브루타를 할 때 일반적인 상황이 아닌 특수한 상황을 만나게 되는 경우가 종종 있다. 예를 들자면 병원에 입원해 있는 환자나, 혹은 큰 시험을 앞 둔 사람이나, 혹은 군대에 가는 사람을 송별하기 위해 만나는 경우도 있다. 이럴 때 활용할 수 있는 짧은 하브루타를 미리 준비해 두면 좋다. 각각 몇 가지 전형적인 상황에 맞는 하브루타를 준비하는 것이다.

따로 교재가 없어도 성경책만 있으면 즉석에서 할 수 있도록 머릿속에 숙지해 두어야 한다. 이런 특별한 상황에서 나눈 말씀은 오래 동안 기억에 남기 마련이다. 그러므로 이렇게 짧고 명쾌한 하브루타는 특별한 상황에서 말씀을 강하게 각인시킬 수 있다.

37. 하브루타 후에는 짧든 길든 피드백을 하도록 하라.

하브루타를 인도할 때 교사는 피드백을 갖는 시간을 가져야 한다. 둘씩 짝을 지어 하브루타를 한 후 앞으로 나오게 하여 "오늘 하브루타를 했던 내용을 잠시 소개해 주세요."라고 말하는 것이다. 하브루타를 통해 배운 것이나 깨달은 것이 무엇이며, 삶에 어떻게 적용했는지, 적용할 것인지를 발표하도록 하는 것이다. 특히 학생들에게 하브루타를 인도할 때에는 둘 사이에 어떤 하브루타가 진행되었는지를 확인할 필요가 있다.

피드백이 없으면 과연 하브루타를 통해 성경을 제대로 이해하고 있는지를 확인할 방법이 없다. 특히 학생들의 경우 둘씩 짝을 지어 하브루타를 한 것이 아닌 농담이나 잡담을 한 경우도 많기 때문이다. 따라서 이런 피드백은 농담이나 잡담을 막고 하브루타에 집중할 수 있도록 돕는다. 뿐만 아니라 다른 사람의 하브루타 피드백을 들으면서 자신의 하브루타를 평가할 수 있는 기회를 얻게 된다.

또 하브루타를 시작할 때 지난 번 하브루타를 한 내용을 간략하게 요약해서 다시 상기시켜 주는 것도 좋다. 또한 이와 더불어 자연스럽게 지난 번 하브루타를 통해 배운 점, 새롭게 깨달은 점, 혹은 실천한 점은 어떤 것들이 있는지 나누는 것도 좋다. 이런 시간을 '쉬우르'라고 한다. 쉬우르 시간에 잘못된 해석이나 적용을 지적하고 고칠 수 있다.

38. 학생 하브루타를 인도할 때는 어른에 비해 대충 하려는 생각은 접으라.

성인들에게 하브루타를 인도할 때와 학생들에게 하브루타를 인도할 때 자세가 달라지는 교사가 있다. 어린 학생들이니까 대충 해도 된다는 생각이다. 이런 생각은 빨리 버리는 편이 좋다. 학생들이야말로 오히려 더 큰 정성과 공을 들여야 한다. 사람에게는 첫 인상과 느낌이 중요하다. 어린 학생들이 하브루타를 통해 배운 성경말씀이 별로였다면 성인이 된 후에도 이 때 느낌을 그대로 가져가기 마련이다. 자칫하면 성경은 지루하고 따분한 것이란 인상을 만들기 쉽다.

학생들에게 하브루타를 인도할 때 저지르기 쉬운 실수 중 하나는 학생들의 수준을 지나치게 낮게 보는 경우 혹은 반대로 지나치게 높게 보는 경우 두 가지가 있다. 학생들은 어른들이 생각하는 것보다 의외로 신앙에 있어서 깊은 사고를 할 수 있기도 하다. 또한 본문에 대한 이해도도 객관적으로 높다. 사실상 지나치게 학생들의 수준을 높게 보는 경우보다는 낮게 보는 경우가 훨씬 많다.

지나치게 높게 보는 경우는 막연하게 '어릴 때부터 교회에 나온 학생이니까 잘 알겠지'라고 생각하는 경우이다. 교회에 나온다고 해서 저절로 신앙이 성숙하지 않는다는 것은 성인들의 경우도 마찬가지이고 학생들도 그렇다. 혹은 학생의 부모가 모범적이고 견실하다고 해서 자녀도 당연히 그럴 것이라는 생각도 착각인 경우가 많다. 이런 저런 선입관을 버리고 교사는 학생들의 현재 상태를 직접 만남을 통해 정확하게 파악하는 것이 중요하다.

39. 하브루타를 생활화하라.

유대인들은 하브루타를 생활화하는 특징이 있다. 그것은 바로 정규적인 프로그램으로만 한정시킬 필요는 없다는 의미이다. 자기가 있는 곳에서 하브루타를 시도해 보도록 하라. 유대인 반도체 기업인 인텔

(Intel)의 경우 곳곳에 하브루타 공간이 준비되어 있다. 일이 풀리지 않으면 둘씩 짝을 지어 하브루타를 하라는 것이다.

이렇게 직장에서도 점심시간을 이용한 하브루타 모임을 만들 수 있다. 간단히 도시락 등으로 점심을 먹고 이삼십 분 정도 하브루타를 하는 것이다. 좀 더 시간이 필요하다면 퇴근 후에 모임을 할 수도 있다. 어떤 경우에는 평소보다 한 시간 먼저 출근하여 하브루타를 하고 하루 일과를 시작하게 할 수도 있을 것이다.

유대인들은 저녁식사 시간에 자녀들과 하브루타의 시간을 갖는다. 이 시간을 활용하여 1시간에서 1시간 반 정도 하브루타를 하는 것은 보통 유대인을 탁월한 유대인으로 만드는 비결이라고 입을 모은다.

또 그들은 안식일을 이용하여 하브루타의 시간을 갖는다. 유대인들은 안식일 기간에는 불을 켜고 끄는 작은 일도 하지 않는다. 미리 준비한 음식을 먹으면서 하브루타를 하는 것이 3,500년 동안 유대인을 지켜 준 능력이다.

40. 성령님이 감동을 주셔서 말씀을 깨닫게 해 주시도록 먼저 간구하라.

하브루타는 어떤 테크닉이나 요령으로 이뤄지는 것은 아니다. 많은 하브루타 관계자들이 하브루타에 자꾸 이론을 붙이려 한다. 그렇게 해야만 뭔가 탁월한 학습법으로 인정받게 된다는 오해에서 비롯된 것이다. 나도 예외가 아닐 수 있다.

그러나 하브루타는 이론이 아니다. 하브루타를 자꾸 이론화시키고 방법론에 치중하다보면 배가 산 위로 가게 된다. 하브루타는 이론이라기보다는 자연스러운 질문이다. 질문이 있으면 대답이 있고, 그 대답이 허점이나 논리가 잘못되었을 경우 반박하거나 재질문할 수 있는 것이다. 그렇게 하는 이유는 하브루타를 통해 진의(眞意)를 찾아가는 것이기 때문이다.

성경 하브루타도 마찬가지이다. 성경 하브루타가 세속적인 하브루타와 다른 것은 성령님의 도우심이 반드시 필요하다는 사실이다. 따라서 성경 하브루타 준비 중 가장 큰 준비는 기도이다. 기도하면서 성령의 도우심을 구하여야 한다. 성령님께서 깨닫게 해 주시지 않으면 상대방은 물론 자신도 하나님의 말씀의 비밀을 깨달을 수 없다.

하브루타를 인도하는 교사는 책상 위에 있는 시간과 골방에 들어가는 시간에 균형을 이루어야 한다. 기도만 한다고 성경 연구가 이루어지는 것은 아니다. 그렇다고 해서 연구만 한다고 해서 하브루타 인도가 완성되는 것은 아니다. 연구과정 자체도 성령의 인도하심이 없이는 제대로 될 수 없다.

그러므로 늘 기도하는 마음으로 그리고 따로 시간을 내어 하브루타를 위해 기도하라. 특별히 하브루타에 참여한 모든 사람이 성령의 감동으로 말씀을 받고 깨달아 삼십 배, 육십 배, 백 배의 결실을 내는 좋은 옥토가 될 수 있도록 기도하라.

성경 하브루타에 성공하려면

가장 중요한 사실, 하브루타는 먼저 가정에서 시행되어야 한다. 하브루타는 원래 가정용으로 만들어진 학습법이다. 만약 자녀들의 학업 문제로 하브루타를 시행하기 어렵다면 하브루타를 포기할 것이 아니라 학원을 포기하게 해야 한다. 학업은 학교수업만으로 충분하다. 사실 지금까지 학원이나 과외는 학업에 큰 도움이 되지 못한다는 사실을 인정할 것이다. 그에 비해 학원비로 지출되는 학원교육비나 소요되는 시간은 아깝기 그지없다.

학원운영을 하시는 분들에게는 정말 죄송하지만, 학원도 중요하겠지만 자녀의 운명이 더 중요하기 때문에 드리는 말씀이다. 성적을 0점에서 100점으로 올리는 것이라면 몰라도 70점을 80점 정도로 올리는 정도라면 학원이나 과외를 다시 생각해야 한다. 꼭 엄청난 돈을 들여 학원과 과외를 시켜야 할까? 돈은 돈대로 들고, 학습효과는 미미하고, 부모와의 유대관계는 깨어지고, 자녀들이 세속화에 노출되고, 그러다 결국에는 신앙을 저버리게 하는 현행의 학습법에 의탁해야 할까?

그건 아니다. 학원을 다시 생각해야 한다. 모든 학생들이 학원에 가지 말라는 것이 아니다. 전체 20% 미만의 그리스도인 자녀들을 대상으로 하는 말이다. 진정한 그리스도인이라면 자녀들의 신앙계승을 위해 학원을 포기할 수 있어야 한다. 학원에 빼앗기는 시간에 부모들이 자녀들과 함께 하는 시간을 만들어야 한다. 너무 걱정하지 않아도 된다. 홈스쿨(Home School)을 하는 학생들도 충분히 좋은 결과를 내고 있다. 그들에 비해 당신의 자녀들은 정규교육의 시간을 갖고 있다. 충분히 안심할 수 있는 일이다.

유대인들에게 가장 행복한 시간은 안식일(Sabbath)이다. 유대인의 안식일은 금요일 해질 무렵부터 토요일 해질 무렵까지이다. 안식일인 24시간 동안에는 요리도 하지 않고, 불도 켜지 않고, 일도 하지 않는다. 그들은 24시간 동안 가족들이 함께 모여 토라를 선포하고, 4번의 안식일에 각기 다른 하프타라(Haftarah: 안식일과 아침예배 시간에 예언서들 가운데 일부를 발췌하여 낭독하는 말씀)를 부른다. 함께 음식을 먹으며 하브루타를 한다. 이것이 유대인들이 3,500년 동안 지켜온 성경적 전통이다. 이 시간은 유대인들에게 가장 축복의 시간이며 신앙계승의 시간이다. 유대인들은 "우리가 안식일을 지키는 것이 아니라 안식일이 우리를 지켜주었습니다."라고 고백한다.

복음적 안식일이 필요하다

우리에게도 복음적 안식일이 필요하다. 물론 주일에는 교회에 나가 예배를 드려야 하지만 가정 속에서 복음적 안식일이 반드시 필요하다. 다행히 주 52시간 근무로 금요일 오후에는 가족들 모두가 집으로 귀가하고 토요일도 쉬기 때문에 이 시간은 복음적 안식일을 위한 절호의 시간이다. 이 시간에 가족들이 함께 모여 세상의 것을 모두 내려놓고, 핸드폰을 끄고, 가족들만의 시간을 보내는 것이다. 함께 음식을 먹고, 함께 테필린복음을 선포하고, 축복의 시간을 갖고, 주어진 말씀으로 함께 하브루타를 한다면 이보다 아름다운 일이 세상에 어디 있으랴.

교회는 복음적 안식일을 장려해주고, 자료를 준비해 주며, 설교와 광고를 통해 지속적으로 복음적 안식일을 권장해야 한다. 또 가족이 함께 하는 시간이 세상에서 가장 아름다운 시간이며, 가족들이 아름답게 시간을 보내는 방법을 알려주어야 한다. 복음적 안식일이라고 해도 좋고, 가정예배라고 해도 좋고, 성경 하브루타의 시간이라고 해도 좋다. 명칭이 무엇이든 가족들을 위한 안식일이 필요하다. 그것이 바로 가정과 교회가 함께 사는 길이다. 그래야만 자녀들의 신앙적 부흥이 일어난다. 자녀의 신앙적 부흥은 교회의 부흥으로 이어진다. 너무 꿈같은 이야기인가?

대부분 그 시간은 목장교회를 하는 교회들이 목장시간을 갖는 시간이다. 목장교회, 가정교회도 중요하지만 나는 가정목장이 더 중요하다고 생각한다. 불신자들을 목장을 통해 전도하는 것도 중요하지만 그것보다 더 중요한 것은 내 자녀를 그리스도인이 되게 하는 것이다. 앞에서도 언급한 바와 같이 수평적 신앙계승에 앞서 수직적 신앙계승이 중요하다고 했다. 목원의 구원이 중요하다고 한다면 내 자녀의 구원은 더 시급한 일이고 더 성경적인 일이다. 만약 목원은 전도해서 구원받게 했는데 내 자녀를 구원받게 하지 못했다면 그것은 분명한 부모의 직무유기이다.

그리스도인 부모들이 흔히 겪는 인지적 오류가 바로 '내 자녀는 언제든지 내 옆에 있을 것이다'는 것이다. 결코 그렇지 않다. 자녀들은 생각보다 훨씬 빠르게 성장하고, 생각보다 빨리 부모의 품을 떠나게 된다. 자녀들이 초등학교를 지나 중, 고등학생이 되면 부모와 대화하려 하지 않는다. 이미 그들은 세상의 즐거움을 알았고 스마트폰, 그리고 학업에 쫓겨 부모와 대화의 담을 쌓을 것이다. 그들과 친밀한 교제가 불가능해질 시간이 속히 다가올 것이다.

 만약 초등학교 이전에 그들에게 신앙을 심어주지 않으면 그들은 신앙을 거부할 것이다. 이것은 그 자녀에게, 가정에게, 그리고 교회와 사회에 악영향을 미칠 것이다. 교회는 점점 침체되어 문을 닫게 될 것이고 자녀들은 신앙을 저버리고 교회를 떠날 것이다. 그리고 아무도 그들을 통제할 수 없게 될 것이다. 이에 대한 하나님 앞에 준엄한 책임은 전적으로 부모가 감당해야 할 것이다.

 자녀를 사랑하는가? 자녀가 진정 그리스도인이 되길 바라는가? 자녀가 하나님의 사람으로 살아가기를 원하는가? 그렇다면 금요일 저녁 시간부터 토요일까지 가족만을 위한 안식일을 만들라. 그것만이 자녀를 살리는 해법이다. 목장이 중요하다면 그 외의 시간을 활용하더라도 가족들을 위한 복음적 안식일을 포기해선 안 된다.

 앞에서도 누누이 언급했지만 주 70시간의 학업시간에 비해 주 70분의 신앙교육 시간으로는 확률적으로 자녀들의 신앙계승에 실패할 수밖에 없다. 실제로 그런 결과들이 속속 나오고 있다. 통계를 보면, 목회자, 장로, 권사, 집사의 자녀들이 20세 성인이 되었을 때 그들이 교회를 떠날 확률은 80% 이상이다. 단 20% 미만이 교회에 남을 뿐이다. 이것은 교회의 침체를 넘어 교회가 망하는 길이다.

 세상에서 가장 중요한 존재는 하나님이 내게 맡겨주신 '자녀'이다. 다른 사람은 몰라도 내 자녀의 신앙은 부모가 책임져야 한다. 자녀들의 신앙교육을 신학교를 갓 졸업한 목회초보생인 전도사에게 맡기고, 학교교육을 학원에 맡기는 것은 로또에 당첨되는 것만큼 자녀들이 잘 되길 원하는 것과 같다. 너무나 무책임하고 이기적인 것이다. 자녀들과 함께 하나님의 말씀으로 하브루타를 시작해 보라. 너무나 당연한 것이다. 자녀들이 살아나고, 가정이 살아나고, 교회가 살아나고, 결국에는 대한민국이 살아날 것이다.

예수님은 하브루타 교사이셨다

예수님은 탁월한 하브루타 교사이셨다. 하브루타는 상대방이 더 이상 반박할 수 없는 아이디어와 해결법을 제시할 때 끝이 난다. 불순한 동기로 예수님을 찾아와 대답할 수 없도록 질문했던 상대방에게 예수님은 그들이 전혀 생각할 수 없는 해답을 제시하여 코를 납작하게 만드신 사건이 성경 곳곳에 기록되어 있다. 예수님은 전형적인 하브루타 교사이셨던 것이다.

예수님은 하브루타를 통해 메타인지를 깨닫게 하시고 진리를 향해 찾아가도록 도와주셨다. 엠마오로 내려가던 두 제자들에게, 밤에 찾아왔던 니고데모에게, 간음하다가 현장에서 잡힌 여자에게, 사마리아 여자에게 하브루타를 통해 메타인지를 깨닫고 진리로 이끌어 주셨다. 삶의 가장 고단한 순간에 찾아와 진리를 통한 쉼을 제공하셨다.

다음 장에 준비된 예수님과의 하브루타를 읽어보라. 수많은 문제들을 가진 사람들이 예수님과의 하브루타를 통해 해결되었다. 그러나 끝내 문제를 해결하지 못한 사람도 있었다. 그 이유는 자신을 내려놓지 못했기 때문이다.

하브루타
이해를 돕는 질문

01 하브루타가 무엇인지 설명하시오.

02 하브루타는 먼저 어디서 시행되어야 하며 그 이유는 무엇입니까?

03 당신은 수직적 신앙계승에 성공했으며, 그에 대해 어떤 책임을 느끼고 있는지 설명하시오.

04 왜 하브루타를 해야 하는지 설명하시오.

05 주입식 교육의 폐해와 그에 대한 구체적 대안을 제시하시오.

06 4차 산업혁명 시대는 무엇이며, 그에 대한 대책과 교육방식을 제시하시오.

07 한국의 상황에서 가정과 교회에서 성경 하브루타를 성공시킬 방법을 제시하시오.

3부

예수님의 하브루타
(Jesus's Havruta)

1. 니고데모와의 하브루타
   (요 3:1-21)

　가로등이 없던 2,000년 전의 밤은 말 그대로 칠흑같이 어두운 밤이었다. 그날 밤, 이스라엘의 최고 의사결정기관인 산헤드린 공회의 공회원이자 랍비였던 니고데모(Nicodemus)가 예수님을 찾아왔다. 산헤드린 공회는 사두개파와 바리새파 대표 70명이 만든 유대종교의 최고 의결기구이다. 오늘날로 말하면 국회와 같기도 하고, 개신교 각 교단의 총회와 비슷하기도 하다. 따라서 니고데모의 직분은 상당히 높은 위치의 관리임을 짐작할 수 있다.
　그런데 왜 니고데모가 그날 밤에 예수님을 찾아갔을까? 요한복음의 저자인 요한은 자세하게 설명하고 있진 않지만 우리는 두 가지 면에서 추측해 볼 수 있다. 하나는 그에게 풀리지 않는 궁금증이 있었다. '예수'라는 젊은 전도자에 대한 궁금, '정말 젊은 전도자 예수는 메시야일까? 이스라엘을 로마의 압제에서 구원하기 위해 하나님이 보내신 메시야가 맞는가?'

그리고 다른 하나는 당연히 다른 사람들의 눈에 띄지 않기 위함이었다. 괜히 사람들의 눈에 띄기 쉬운 대낮에 찾아갔다가 사람들의 구설수에 오를 수 있기 때문이다. 그런 이유로 밤에 예수님을 찾아간 것으로 보인다. 니고데모라는 사람이 다른 사람을 의식하면서까지 궁금해 했던 내용은 무엇이었을까?

밤에 예수님을 찾아온 니고데모가 진지한 얼굴로 예수님과 하브루타를 하고 있다.

당시 예수님은 불과 30세 정도의 젊은이였다. 나사렛이란 초라한 동네 출신에 목수의 아들로 출신성분이나 정식교육을 받은 사람이 아닌 무명의 선지자에 불과했다. 그러나 니고데모의 관점은 보통 사람들과는 많이 달랐다. 그는 예수님을 랍비로 부르면서 자신의 이야기를 풀어가고자 했다.

  니고데모 : 랍비님, 우리는, 선생님이 하나님께로부터 오신 분임
  을 압니다. 하나님께서 함께 하지 않으시면, 선생님께서 행하시는
  그런 표징들을 아무도 행할 수 없습니다.

  예수님 : 내가 진정으로 진정으로 너에게 말한다. 누구든지 다시
  나지 않으면, 하나님 나라를 볼 수 없단다.

그런데 예수님은 니고데모의 극찬에 가까운 평가에도 반응하지 않고 오히려 그가 전혀 생각조차 하지 않았던 '거듭남'을 언급하셨다.
 니고데모는 의아했다. 니고데모가 정말 궁금했던 사실은 '과연 예수님이 메시야로 세상에 오신 것인가?'에 대한 것이었다. 니고데모의 눈에 예수님은 확실히 세상의 어떤 사람과 다른 비범함이 있었다. 그 비범함은 분명 자신, 아니 전 이스라엘 사람이 기대하는 메시야를 연상시킬 수 있었다.
 그러나 예수님은 니고데모에게 더 중요한 메시지가 무엇인지 알고 계셨다. 그것은 니고데모를 포함한, 지금 이 글을 읽는 사람에게까지 동일하게 필요한 진리가 있음을 알게 하셨다. 그 중요한 진리가 무엇일까?
 때로 그 중요한 진리가 우리의 관심사가 아닐 때가 있다. 당장 나에

게 시급한 것, 내가 궁금해 하는 것, 내가 더 목마르게 느끼고 있는 것이 나의 주된 관심사가 된다. 그것이 옳게 느껴진다. 그래서 예수님이 더 중요하게 여기는 것을 간과한다. 당장 내 신음에 귀기울여주시길 원하고 기도에 응답해 주시길 원한다. 항상 내 인지가 옳다고 생각한다. 메타인지가 부족한 탓이다. 니고데모가 그랬다.

그러나 예수님은 내가 시급해 하는 것, 궁금해 하는 것, 더 목마르게 느껴지는 것보다 더 중요한 것을 알고 계셨다. 그것은 내가 다시 태어나는 것, 즉 '거듭남'이셨다. 이스라엘의 독립도 중요하지만 그것보다 더 중요한 것은 내가 다시 태어나는 것이다. 메시야에 대한 궁금증을 가지고 찾아온 니고데모에게 '다시 나야 한다'라는 말은 자신이 전혀 기대하지 않은 답변이었다. 니고데모는 점잖게 반박한다.

니고데모 : 사람이 늙었는데, 그가 어떻게 태어날 수 있겠습니까? 어머니 뱃속에 다시 들어갔다가 태어날 수야 없지 않습니까?"

사실 니고데모는 단 한 번도 '다시 태어난다'라는 말을 들어본 적이 없었다. 그의 말을 종합해 보면 처음으로 '다시 태어난다'는 말을 들었던 것 같이 분명하다. 그런데 예수님은 한 번도 들어보지 못한 '다시 태어난다'라는 말씀을 진정성을 담아 강조하셨다.

예수님 : 내가 진정으로 진정으로 너에게 말한다. 누구든지 물과 성령으로 나지 아니하면, 하나님 나라에 들어갈 수 없다. 육에서 난 것은 육이요, 영에서 난 것은 영이다. 네가 다시 태어나야 한다고 내가 말한 것을, 너희는 이상히 여기지 말아라. 바람은 불고 싶은 대로

분다. 너는 그 소리는 듣지만, 어디에서 와서 어디로 가는지는 모른다. 성령으로 태어난 사람은 다 이와 같다.

니고데모 : 어떻게 이런 일이 있을 수 있습니까?

니고데모는 비로소 자신이 모르는 새로운 영적세계가 존재한다는 사실을 인지하게 되었다. '다시 나야 한다'라는 말씀에는 물과 성령과 연관되어 있었고, 육과 영의 세계가 다르다는 사실, 그리고 이런 것들이 천국과도 연관되어 있었다.

예수님은 니고데모에게 '다시 태어나야 한다는 말을 이상히 여기지 말아라'고 하셨다. 니고데모는 일찍이 이런 말씀을 들어본 적도 없고, 관심도 없었고, 어떻게 거듭나는지도 몰랐다. 그런데 다시 태어나는 것이 이상한 것이 아닌 지극히 당연하다는 예수님의 말씀에 니고데모는 놀랄 수 밖에 없었다.

분명한 사실은 '거듭남' 또는 '중생'(重生)이란 '다시 태어나야 한다'로 상징적인 의미가 아닌 실제로 존재하는 현상이다. 육으로 태어난 사람이 하나님 나라에 들어가기 위해선 반드시 영적인 태어남이 필요한 것이다. 이것은 분명한 현상이며, 반드시 체험적인 사건이며, 회개와 결단 없이는 영적으로 태어날 수 없다. 그리고 이 사건은 한 번은 반드시 경험해야 하는 중요한 일이다.

니고데모가 이해하던 이해하지 못하던 상관없이, 다시 태어나지 않으면 결코 하나님 나라에 들어갈 수 없다는 사실이다. 니고데모는 자신이 궁금해서 찾아왔던 메시야에 관한 질문이 이 상황과 전혀 어울리지 못하는 질문이라는 것을 알게 되었다. 그런데 예수님의 말씀은 점점 정점을 향해 내달리고 있었다.

> 예수님 : 너는 이스라엘의 선생이면서, 이런 것도 알지 못하느냐? 내가 진정으로 진정으로 너에게 말한다. 우리는, 우리가 아는 것을 말하고, 우리가 본 것을 증언하는데, 너희는 우리의 증언을 받아들이지 않는다. 내가 땅의 일을 말하여도 너희가 믿지 않거든, 하물며 하늘의 일을 말하면 어떻게 믿겠느냐? 하늘에서 내려온 이 곧 인자 밖에는 하늘로 올라간 이가 없다.

니고데모는 진정성을 가진 예수님의 말씀에 귀를 기울이기 시작했다. 단 한 번도 들어보지 못한 심오한 말씀에 니고데모의 머리는 혼란스러웠다. '도대체 이게 무슨 말일까? 땅의 일은 무엇이고, 하늘의 일은 무엇이란 말인가?'라고 혼란스러워 할 때 예수님은 말씀을 이어 가셨다.

> 예수님 : 모세가 광야에서 뱀을 든 것 같이, 인자도 들려야 한다. 그것은 그를 믿는 사람마다 영생을 얻게 하려는 것이다. 하나님께서 세상을 이처럼 사랑하셔서 외아들을 주셨으니, 이는 그를 믿는 사람마다 멸망하지 않고 영생을 얻게 하려는 것이다. 하나님께서 아들을 세상에 보내신 것은, 세상을 심판하시려는 것이 아니라, 아들을 통하여 세상을 구원하시려는 것이다.

니고데모는 모세가 광야에서 뱀을 든 사실을 잘 알고 있었다. 이스라엘 백성이 호르산에서 출발하여, 홍해의 길을 따라 에돔 땅을 우회

하려 했다가 길로 말미암아 마음이 상하여 하나님과 모세를 향하여 원망했다. "어찌하여 우리를 애굽에서 인도하여 이 광야에서 죽게 하는가? 이곳에는 먹을 것도 없고, 물도 없도다. 우리 마음에는 이 하찮은 음식이 지겹고 싫다"는 등 불평불만을 늘어놓는다.

그때 하나님께서는 불뱀들을 백성 중에 보내 백성들을 물게 하시므로, 이스라엘 백성 중에 죽은 자가 많았다. 모세가 백성들을 위해 기도할 때 하나님은 "불뱀을 만들어 장대 위에 매달아라 물린 자마다 그것을 보면 살리라"고 하셨다. 모세는 즉시로 놋뱀을 만들어 장대 위에 달아 놓았다. 모세는 사람들에게 "뱀에게 물린 자들은 놋뱀을 쳐다보라"는 사실을 알렸고 그 말을 믿고 놋뱀을 바라본 사람들은 모두 살았다는 스토리를 율법에 능통한 니고데모는 알고 있었다.

니고데모는 머리가 더욱 혼란스러워졌다. '이 말씀의 의도는 무엇일까? 모세가 뱀을 든 것과 인자가 들려야 한다는 것이 어떤 관계가 있는가?', '하나님이 보내신 외아들은 누구인가? 혹시 앞에 있는 이 청년이 바로 하나님의 외아들이란 말인가?', '외아들이 세상을 구원한다는 말은 또 어떤 의미인가?' 질문에 질문이 이어지면서 니고데모는 복잡해졌다. 예수님의 설명은 계속 이어졌다.

> 예수님 : 아들을 믿는 사람은 심판을 받지 않는다. 그러나 믿지 않는 사람은 이미 심판을 받았다. 그것은 하나님의 독생자의 이름을 믿지 않았기 때문이다. 심판을 받았다고 하는 것은, 빛이 세상에 들어왔지만, 사람들이 자기들의 행위가 악하므로, 빛보다 어둠을 더 좋아하였다는 것을 뜻한다.

니고데모는 예수님의 말씀에서 진정성을 느꼈지만 그가 하시는 말씀을 다 이해할 수 없었다. '아들을 믿는 사람이 심판을 받지 않는다는 말은 무슨 뜻인가?', '혹시 내 앞에 있는 이 청년을 믿으면 심판을 받지 않는다는 말인가?' 머리가 온통 질문으로 가득 찼지만 질문을 정리할 시간도 없이 예수님의 말씀은 계속 이어졌다.

> 예수님 : 악한 일을 저지르는 사람은, 누구나 빛을 미워하며, 빛으로 나아오지 않는다. 그것은 자기 행위가 드러날까 보아 두려워하기 때문이다. 그러나 진리를 행하는 사람은 빛으로 나아온다. 그것은 자기의 행위가 하나님 안에서 이루어졌음을 드러내려는 것이다.

니고데모는 이미 빛을 잘 알고 있었다. 하나님이 세상에서 가장 먼저 창조하신 것이 빛이라는 사실을 알고 있었다. 또 니고데모가 어렸을 때부터 어두운 세상에 빛을 비추기 위해 하나님이 자신을 세상에 보내셨다는 사명을 부모로부터 듣고 자랐다. 빛을 비추는 사람이 되기 위해 토라를 암송했고 탈무드를 공부했다. 그런데 빛을 미워하다는 말은 무슨 말인가. 니고데모는 머리가 점점 복잡해짐을 느꼈다.

니고데모의 이야기는 여기서 끝난다. 그 후 니고데모는 어떻게 되었을까? 다시 태어난 사람이 되었을까? 예수님을 영접하였을까? 그렇다. 니고데모는 예수님을 영접했고 다시 태어난 것이 분명하다. 니고데모는 거듭나는 놀라운 사건을 체험한 것이 틀림없다. 사도 요한은 니고데모가 예수님을 찾아간 이후 두 번의 가장 중요한 순간에 니고데모를 등장시킨다.

첫 번째는, 예수님으로 인해 무리 중에서 논쟁이 일어날 때 니고데모가 등장한다.

바리새인들은 눈에 가시 같은 예수님을 잡기 위해 경비병들을 보낸다. 그러나 그들은 예수님을 잡아오지 못했다. 예수님을 잡아오지 못한 이유를 경비병들에게 물을 때 그들은 이렇게 대답한다.

성전 경비병들이 대제사장들과 바리새파 사람들에게 돌아오니, 그들이 경비병들에게 물었다. "어찌하여 그를 끌어오지 않았느냐?" 경비병들이 대답하였다. "그 사람이 말하는 것처럼 말한 사람은, 지금까지 아무도 없었습니다." 바리새파 사람들이 그들에게 말하였다. "너희도 미혹된 것이 아니냐? 지도자들이나 바리새파 사람들 가운데서 그를 믿은 사람이 어디에 있다는 말이냐? 율법을 알지 못하는 이 무지렁이들은 저주받은 자들이다."(요 7:45~49)

경비병들은 상관의 명령을 받아들일 수 없었다. 예수님의 말씀 앞에 상관의 명령을 거부하고 돌아온다. 그러자 화가 난 바리새인들이 "너희도 예수에게 미혹된 것이 아니냐?"고 하면서 격분해 저주를 한다.

그때 니고데모가 발언한다. "우리의 율법으로는, 먼저 그 사람의 말을 들어보거나, 또 그가 하는 일을 알아보거나, 하지 않고서는 그를 심판하지 않는 것이 아니오?"(요 7:51)라고 강력하게 항변한다.

니고데모는 밤에 예수님을 찾아와 그분의 말씀을 들었다. 또 예수님이 하는 일을 알아보았다. 그리고 그분을 자신의 구세주로 받아들였다. 그래서 담대하게 발언할 수 있었다. 비록 바리새인의 관리로 일하고 있었지만 그는 그의 심중에 예수 그리스도를 영접하여 다시 태어난 사람이 된 것이다.

두 번째는, 예수님이 십자가에서 운명하셨을 때 니고데모가 등장한다.

예수님이 십자가에서 운명하셨을 때 베드로를 비롯한 제자들은 자신들의 안위를 위해 전면에 나타나지 못했다. 예수님의 장례를 치른 사람이 바로 아리마대 요셉과 니고데모이다. [쉬운 성경: 아가페]은 이 상황을 이렇게 설명하고 있다.

> 니고데모도 요셉과 함께 왔습니다. 니고데모는 일찍이 예수님을 찾아왔던 사람이었습니다. 그는 몰약과 알로에를 섞어 만든 향료를 약 33킬로그램 정도 가져왔습니다. 이 두 사람은 유대인의 장례 풍습에 따라 예수님의 시신을 가져다가 향료와 함께 고운 베로 쌌습니다. 예수님께서 십자가에 못 박히시는 곳에는 동산이 있었습니다. 그 동산에는 아직까지 한 사람도 그 안에 안치한 적이 없는 새 무덤이 있었습니다. 무덤도 가까이 있고 유대인들의 예비일이기도 해서 요셉과 니고데모는 예수님의 시신을 그 무덤에 넣어 두었습니다.(요 19:39-42)

자신의 지위와 명예를 잃을 위험을 무릅쓴 니고데모의 담대함은 어디서 나왔을까? 3년이나 함께 했던 제자들도 도망간 상황이었다. 그러나 밤에 찾아와 단 한 번의 만남을 가졌던 니고데모가 어떻게 예수님의 시신을 수습하는 최후의 2인이 되었을까? 그것은 그날 밤 예수님을 영접함으로 거듭났기 때문이다. 즉, 다시 태어난 사람의 용기이다. 다시 태어난 사람은 육신의 죽음을 두려워하지 않는다.

예수님은 니고데모에게 '다시 태어나야 한다'는 분명한 메시지를 전했다. 예수님은 '다시 태어나야 한다'라고 하실 때마다 "내가 진정으로 진정으로 말한다"라고 하시면서 이 말씀의 중요성을 강조하셨다. 이만큼 다시 태어나는 것은 예수님이 매우 중요하고도 시급하게 여기시는 사건이다.

니고데모는 예수님을 찾아가던 그 날 밤 다시 태어났다. 예수님이 니고데모에게 원했던 것은 니고데모가 가진 궁금증 이상의 것이었다. 그것은 다시 태어나는 문제였다. 그 문제는 영원의 문제였고, 천국과 지옥의 문제였고, 하나님 나라와 사탄의 나라를 구분 짓는 문제였다. 니고데모는 예수님을 만났고 그는 다시 태어나는 놀라운 경험을 하게 된 것이다.

그렇다면 이 말씀은 니고데모에게만 적용되는 말씀인가? 아니다. 우리가 요한복음 3장 16절의 말씀을 믿는다면 우리는 이 말씀이 나오게 된 중요한 화두 앞에 대답해야 한다. "나는 거듭났는가?" 이 질문에 우리는 명확하게 대답할 수 있어야 한다. 만약 그렇지 못하면 천국에 들어갈 수도, 천국을 볼 수도 없기 때문이다.

2. 사마리아 여자와의 하브루타
   (요 4:3-30)

　성경은 '말씀을 읽는다'라는 표현보다 '말씀을 듣는다'는 표현을 많이 사용한다. 물론 옛날에는 인쇄술과 종이를 만드는 기술의 부족으로 성경을 구하기가 하늘의 별을 따는 것처럼 어려웠다. 성경을 개인적으로 소유한 것은 기독교 역사에 그리 길지 않다.

　따라서 그리스도인들은 오랫동안 하나님의 말씀을 읽는 것이 아닌 듣는 것으로 성경을 이해했다. 하지만 현대적으로도 하나님은 말씀하고 계시기 때문에 우리는 '말씀을 읽는다'는 것보단 '말씀을 듣는다'로 묘사하는 것이 적절하다.

　예수님은 사람들과의 대화를 즐겨하셨다. 군중에게는 대중설교를 하셨지만 개인적 만남에서는 대화를 통해 말씀하시기를 좋아하셨다. 성경은 예수님과의 대화를 다 기록하고 있진 않지만 우리는 예수님이 대화를 통해 마음을 열어 말씀을 깨닫게 해주셨다는 사실을 알 수 있다. 우리가 미처 깨닫지 못하는, 아니 깨달을 수 없는 말씀을 하브루타 방식으로 하나님의 진리를 전달하셨다.

사마리아 여자는 예수님과의 하브루타를 통해 예배의 참된 뜻을 발견하게 되었다.

하브루타의 원칙인 1:1 대화는 상대방의 마음을 열게 하고 그 사람의 속마음을 이끌어내는 능력이 있다. 예수님은 개인적인 만남에는 하브루타 방식인 1:1 대화를 통해 사람들의 메타인지를 깨워주셨다. 내가 아는지 모르는지, 아는지 안다고 착각하는지를 알게 하신 후 진리를 깨닫게 해 주셨다.

예수님은 이렇듯 1:1 만남에서 하브루타를 통해 문제에 접근했고 해결책을 제시하셨다. 예수님과 대화했던 사람들은 변화되었다. 사회적으로 지탄받는 사마리아 여인은 우물가에서 이루어진 예수님과의 대화를 통해 전도자로 바뀌었고, 간음하던 현장에서 붙잡힌 여자는 정죄자들이 떠나간 뒤 예수님과의 1:1 대화를 통해 진정한 회심을 경험한다.

예수님은 우리에게 대화를 통해 진리를 인지하는 법을 알려주셨다. 우리는 눈에 보이는 것이, 귀에 들리는 것이, 손에 잡히는 것이 현실이라고 생각한다. 또 그것만이 사실이라고 생각한다. 그러나 분명한 사실은 우리가 모르는 것이 있다는 사실, 내가 알고 있는 것이 착각일 수 있다는 사실을 인지해야 한다. 그리고 예수님과의 하브루타를 통해 우리의 인지적 오류(사람들이 흔히 겪는 착각)를 풀어주셨다.

예수님께서 유대를 떠나 다시 갈릴리로 가실 때였다. 그렇게 하려면, 사마리아를 거쳐서 가실 수밖에 없었다. 예수님께서 사마리아에 있는 수가라는 마을에 이르셨다. 이 마을은 야곱이 아들 요셉에게 준 땅에서 가까운 곳이며, 야곱의 우물이 거기에 있었다. 예수께서 길을 가시다가, 피로하셔서 우물가에 앉으셨다.

시간이 낮 12시 정도가 될 때였다. 한 사마리아 여자가 물을 길으러 나왔다. 유대지역에서 낮 12시는 매우 뜨거운 시간이었다. 대부분의 사람들은 해가 뜨기 전이나 해가 진 이후에 물을 긷는데 반해 여자는 한참 뜨거운 12시 경에 물을 길러 나왔다. 예측 건데 사람들과 마주치지 않으려는 의도였던 것 같았다. 그런데 그 우물에 한 남자가 앉아 있었다. 시선을 외면하고 물을 길으려고 할 때였다. 우물가에 앉아있던 유대 남자인 예수님이 말을 걸었다.

    예수님 : 나에게 마실 물을 좀 주게나.

그때 예수님의 제자들은 먹을 것을 사러 동네에 들어가서 그 자리에 없었다. 지금 우물가에는 예수님과 사마리아 여자 단 둘만 있는 상태였다. 이런 상태에서 유대 사람으로 보이는 사람이 물을 달라는 것은 그들의 문화에서 이해되지 않는 상황이었다. 유대 사람은 사마리아 사람과 서로 간에 상종하지 않기 때문이었다

    사마리아 여자 : 선생님은 유대 사람인데 어떻게 사마리아 여자
    인 나에게 물을 달라고 하십니까?

    예수님 : 네가 하나님의 선물을 알고 또 너에게 물을 달라는 사람
    이 누구인지를 알았더라면 도리어 네가 그에게 청하였을 것이고 그
    는 너에게 생수를 주었을 것이다.

사마리아 여자는 이해할 수 없었다. 유대 사람으로 보이는 남자가 하는 말을 도대체 이해할 수 없었다. '하나님의 선물?' 또 '자신이 누구인지 아느냐?'라는 말에는 자신을 마치 대단한 사람처럼 여기는 것처럼 보였다. 또 손에는 물을 길을만한 장비가 전혀 없고 물을 청하는 주제에 '너에게 생수를 주었을 것'이라는 말에 여자는 의아하기만 했다.
    일반적으로 유대인들은 사마리아 사람들과 상종도 하지 않는다. 가

장 황당한 말은 물을 달라던 사람이 도로 생수를 주겠다느니 상황에도 맞지 않는 얘기를 하는 것이었다. 여자는 도저히 이해할 수 없었지만, 분명 보통 사람은 아니라는 생각이 들었다.

사마리아 여자 : 선생님, 선생님에게는 두레박도 없고, 이 우물은 깊은데, 선생님은 어디에서 생수를 구하신다는 말입니까? 선생님이 우리 조상 야곱보다 더 위대하신 분이라는 말입니까? 그는 우리에게 이 우물을 주었고 그와 그 자녀들과 그 가축까지 다 이 우물의 물을 마셨습니다.

예수님 : 이 물을 마시는 사람은 다시 목마를 것이다. 그러나 내가 주는 물을 마시는 사람은, 영원히 목마르지 아니할 것이다. 내가 주는 물은 그 사람 속에서 영생에 이르게 하는 샘물이 될 것이다.

맞는 말이었다. 물이란 마실 때 시원하고 갈증이 해결되지만 그것은 일시적인 현상에 불과하다. 만약 이 남자가 얘기하는 대로 영원히 목마르지 않는 생수가 있다면 얼마나 좋을까. 한 낮에 물을 길러 올 필요도 없고 물 긷는 수고도 할 필요가 없다. 정말 그런 생수가 있다면 그것보다 더 좋은 일이 어디 있을까. 여자는 밑져야 본전이라는 생각에 그 물을 달라고 요청하기로 했다.

사마리아 여자 : 선생님, 그 물을 나에게 주셔서 내가 목마르지도 않고, 또 물을 길으러 여기까지 나오지도 않게 해주십시오.

예수님 : 가서, 네 남편을 불러 오너라.

물을 준다고 하던 유대 사람이 갑자기 남편을 불러 오라고 한다. 여자는 마음속에 갈등이 생기기 시작했다. 사실 여자에게는 다른 사람에게 말하고 싶지 않은 과거가 있었다. 평생 한 남자와 같이 살아가는 평범한 여자와는 달리 이 여자는 여섯 번째 남자와 동거 중에 있었기 때문이었다. 한참을 고민하던 여자는 용기를 내어 말했다.

사마리아 여자 : 나에게는 남편이 없습니다.

예수님 : 남편이 없다고 한 말이 옳다. 너에게는, 남편이 다섯이나 있었고, 지금 같이 살고 있는 남자도 네 남편이 아니니 바로 말하였다.

유대 남자는 뭔가를 알고 말하는 사람이었다. 아까 물을 달라고 할 때부터 비범한 면이 있다는 것을 느꼈다. 물도 자신이 알고 있던 물이 아닌 영원한 물이라는 말에 의아함을 느끼지 않을 수 없었다. '도대체 뭔가?', '도대체 누구인가?'

사마리아 여자는 이 분이 보통 사람이 아니라는 확신이 들었다. 예사로운 분이 아닌 선지자 같이 느껴졌다. 이분이라면 내가 궁금해 하던 문제를 명쾌하게 답변해 주실 분이라는 생각이 들었다. 그래서 여자는 예수님을 선지자로 인정하면서 질문을 던진다.

사마리아 여자 : 선생님, 내가 보니, 선생님은 선지자이십니다. 우리 조상은 이 산에서 예배를 드렸는데 선생님네 사람들은 예배드려야 할 곳이 예루살렘에 있다고 합니다. 어디서 예배를 드리는 것이 옳은가요?

예수님 : 여자여, 내 말을 믿어라. 너희가 아버지께 이 산에서 예배를 드려야 한다거나, 예루살렘에서 예배를 드려야 한다거나 하지 않을 때가 올 것이다. 너희는 너희가 알지 못하는 것을 예배하고, 우리는 우리가 아는 분을 예배한다. 구원은 유대 사람들에게서 나기 때문이다. 참되게 예배를 드리는 사람들이 영과 진리로 아버지께 예배를 드릴 때가 온다. 지금이 바로 그 때이다. 아버지께서는 이렇게 예배를 드리는 사람들을 찾으신다. 하나님은 영이시다. 그러므로 하나님께 예배를 드리는 사람은 영과 진리로 예배를 드려야 한다.

예수님은 하브루타를 통해 진정한 예배의 의미를 알려 주셨다. 여자가 알기 원했던 것은 예배의 장소였다. 어디서 예배를 드려야만 진정한 예배인지를 알고 싶었다. 그러나 예수님은 예배는 장소가 아닌 영과 진리로 드리는 것임을 알려 주셨다. 동시에 어디에 있든, 어디서 예배를 드리던 영과 진리로 예배드리는 사람들을 찾으신다는 말씀을 들려주셨다.

처음 듣는 이야기였다. 그동안 여자는 그리심 산(Mt Gerizim)에서 예배를 드리는 것을 당연하게 생각하고 있었다. 그리심 산은 모세가 이스라엘 백성을 향하여 율법을 낭독하고 하나님의 축복을 선포한 성산(聖山)으로 사마리아 사람들이 오랫동안 예배를 드려왔던 장소였다. 당연히 그렇게 인지하고 있었는데, 들려오는 말에 의하면 유대인들은 예루살렘에서 예배를 드린다는 것이었다. 여자는 만약 선지자를 만나면 꼭 물어보고 싶은 질문이었다.

그제야 여자는 예수님을 선지자로 인정하고 영적인 대화에 돌입한다. 여인은 예배의 장소에 대한 문제에 대해 물었고, 예수님은 예배의 대상에 대해 말한다. 어디서 예배드리는 것이 중요한 것이 아니라 핵심은 '누구에게', '어떻게 예배드리냐'가 중요하다는 말씀이다. 요한복음 4장 23-24절을 MSG 성경은 이렇게 말씀한다.

> "하나님 앞에서 중요한 것은, 너희가 어떤 사람이며 어떻게 사느냐 하는 것이다. 너희가 드리는 예배는, 너희 영으로 진리를 추구하는 예배여야 한다. 아버지께서는 바로 그런 사람, 곧 그분 앞에 단순하고 정직하게 있는 모습 그대로 예배드리는 사람을 찾으신다. 하나님은 순전한 존재 그 자체, 곧 영이시다. 그러므로 하나님께 예배드리는 사람은, 자신이 존재와 자신의 영과 자신의 참된 마음으로 예배드려야 한다."

영과 진리로 예배드리는 자를 샅샅이 찾으시는 하나님. 성령님을 품고 성령님 안에서 예배하는 자, 단순하고 정직하게 있는 모습 그대로 그 앞에 있는 자, 자기 의를 죽이고, 세상 염려와 근심을 내려놓고 그 앞에 무릎 꿇은 자, 막힌 담을 허물고 자신의 전 존재를 그 앞에 내어 놓는 자, 오직 영이신 하나님 한 분께만 초점을 맞추며 예배하는 자를 찾으신다.

여자는 비로소 깨달았다. 예배가 장소가 아닌 하나님 앞에 영과 진리로 나아오는 자를 하나님이 찾으신다는 사실을 분명하게 깨달을 수 있었다. 그러나 여자의 기대는 또 다른 것에 있었다. 그것은 바로 메시야의 출현이었다. 그녀는 메시야를 기대하고 있었던 것이다. 메시야가 오시면 모든 문제를 정확하게, 그리고 자세히 알려주실 것이라고 믿고 있었다.

사마리아 여자 : 나는 그리스도라고 하는 메시아가 오실 것을 압니다. 그가 오시면 우리에게 모든 것을 알려 주실 것입니다."

예수님 : 너에게 말하고 있는 내가 그다.

이때에 제자들이 돌아와서, 예수님께서 그 여자와 말씀을 나누시는 것을 보고 놀랐다. 그러나 예수님께 "웬일이십니까?" 하거나, "어찌하여 이 여자와 말씀을 나누고 계십니까?" 하고 묻는 사람이 한 사람도 없었다. 예수님과 여자의 대화가 너무나 진지했기 때문이었다. 여자의 얼굴은 상기되어 있었고 기쁨으로 충만해 있었다. 숨어 지내던 여자의 모습이 아닌 자유를 찾아 기뻐서 어쩔 줄 모르는 구도자의 모습 그 자체였기 때문이었다.

여자는 물동이를 버려두었다. 지금 여자에게 물동이가 그다지 중요하게 여겨지지 않았다. 여자는 동네로 들어가서 사람들에게 소리를 질러댔다. 여자의 소리는 크고 강했다. 지금까지 손가락질에 위축되었던 그 여자가 아니었다. 그러나 더 중요한 것은 그 여자의 얼굴이 확신으로 충만했다는 사실이다.

사마리아 여자 : 내가 한 일을 모두 알아맞히신 분이 계십니다. 와서 보십시오. 그분이 그리스도가 아닐까요?"

여자의 목소리에는 확신이 담겨 있었다. 여자의 얼굴은 해처럼 빛났다. 지금까지 웅크리고 살던 여자의 모습이 아니었다. 사람들의 눈을 피하기 위해 정오에 물을 길어가던 여자의 모습이 아니었다. 여자의 목소리에는 기쁨과 확신으로 가득차 사마리아 동네에 울려 퍼졌다. 사람들은 머물러 있을 수 없었다. 동네에서 나와서 예수님께로 몰려갔다. 그리고 사마리아 사람들에게 복음이 전해지는 역사가 일어났다.

사마리아 여자, 그녀는 예수 그리스도를 만났다. 물을 길러 왔다가 물을 달라는 유대 남자를 만났고, 그를 통해 자신이 그토록 알고 싶던 영혼의 문제, 예배의 문제를 해결했다. 그러나 사실은 여자가 예수님을 만난 것이 아니라 예수님이 그 여자를 기다리고 계셨던 것이다. 예수님은 수가성의 그 여자와 동시에 오늘 우리에게도 진정한 예배를 알려주시기 위해 정오에 물을 길러온 불우한 처지의 여자와의 하브루타를 통해 햇살 같은 복음을 들려주셨다. 그 여자의 고백이 나의 고백이다.

"아~ 예수님이 너무 좋다!"

3. 부자청년과의 하브루타
(막 10:17-31)

교회에 다니는 사람들의 착각이 있다. 그것은 바로 '내가 죽으면 천국에 간다'는 것이다. 천국에 대해 불안감이 없는 사람은 없을 것이다. 그럼에도 대부분의 그리스도인들은 자신이 죽으면 천국에 갈 것이라 기대를 하는 것 같다. 물론 신앙생활을 하는 것도 그 이유 때문이기도 하다.

문제는 교회에 다닌다고 다 천국에 들어가는 것이 아니라는 사실이다. 이 과정에서 적지 않은 교인들이 천국에 가는 것, 천국에 가지 못하는 것에 대해 인지적 오류를 겪는 경우가 많다. 인지적 오류가 벌어지는 이유는 천국에 들어가는 기준이 객관적이 아닌 주관적인 확신에서 비롯되기 때문이다.

대학에 합격하는 것은 주관적 확신만으로 되는 것이 아니다. 아무리 확신한다고 해도 객관적 기준에 미치지 못하면 들어갈 수 없다. 그 대학에 맞는 성적이 있어야 하고, 서류전형이 있어야 하고, 인터뷰를 거쳐 합격, 불합격이 결정된다. 중요한 것은 합격, 불합격을 정하는 것은 내가 아닌 대학의 고유권한이다.

예수님은 '천국에 들어가는 것이 어렵다'는 말씀을 여러 차례 피력하셨다. 마태복음 7장 13-14절의 말씀을 보면 "좁은 문으로 들어가라 멸망으로 인도하는 문은 크고 그 길이 넓어 그리로 들어가는 자가 많고 생명으로 인도하는 문은 좁고 길이 협착하여 찾는 자가 적음이라"고 말씀하셨다. 천국으로 대표되는 좁은 문으로 들어가는 사람은 적고 멸망으로 대표되는 지옥행을 선택한 사람들은 많다고 하신다.

과연 우리의 생각이 옳을까? 예수님의 말씀이 옳을까? 당연히 예수님의 말씀이 옳다. 예수님의 말씀은 인정하지 않을 수 없는 진리이기 때문이다.

그럼 천국은 어떤 사람이 들어갈까? 마가복음 10장에서 예수님은 하나님의 나라, 즉 천국에 대한 자격조건을 제시하신다. 하나님의 나라를 어린아이와 같이 받들지 않는 사람은 결단코 천국에 들어가지 못한다고 하셨다. 또 부자가 천국에 들어가는 것이 낙타가 바늘귀로 들어가는 것보다 어렵다고도 하셨다. 천국에 들어가는 것에는 분명한 기준이 존재한다는 사실이다. 그렇다면 그 기준이 무엇일까?

한 청년이 예수님께 나아와 질문한다. 그 청년은 '영원한 생명'에 대한 관심을 가진 사람이었다. 예수님이 사랑스럽게 바라보는 사람이었다. 그러나 그 청년은 천국의 문제, 영원한 생명의 문제를 해결하지 못하고 슬프게 돌아갔다.

이 이야기의 시작은 이렇다. 예수님께서 길을 떠나시는데 한 사람이 달려와서 예수님 앞에 무릎을 꿇고 물었다. 누가복음에는 그 사람의 신분이 관원이라고 기록하고 있다. 관원이라는 신분으로 다른 사람에게 무릎을 꿇는다는 것은 엄청난 결단이다. '무릎을 꿇었다'는 것은 그 청년이 겸손하면서도 간절했음을 보여주는 대목이기도 하다.

> 청년 : 선하신 선생님, 내가 영원한 생명을 얻으려면, 무엇을 해야 합니까?

청년의 질문의 요지는 '어떻게 영원한 생명 얻느냐?'는 것이었다. 젊고, 부자이며, 관원이라는 안정된 직장을 가진 사람인데도 이 사람은 영원한 생명 즉, 천국에 깊은 관심을 가졌다. 또 이 청년은 영원한 생명을 얻기 위해 어릴 때부터 율법을 지키는데 열심인 사람이었다.

> 예수님 : 어찌하여 너는 나를 선하다고 하느냐? 하나님 한 분 밖에는 선한 분이 없다. 너는 계명을 알고 있을 것이다. '살인하지 말라, 간음하지 말라, 도둑질하지 말라, 거짓으로 증언하지 말라, 속여서 빼앗지 말라, 네 부모를 공경해라' 하지 않았느냐?

예수님은 청년의 질문에 대해 율법적인 답변을 하셨다. 청년이 율법적으로 질문했기 때문이었다. 의롭고 선한 행위를 통해 영생에 이른다는 소위 '업보'(業報) 사상은 이방종교들의 특징이며, 심지어 기독교의 이름을 가진 가톨릭교회나 율법주의적 기독교의 사상이다. 예수님은 청년의 율법적 질문에 율법적인 답변을 하신 것이다.

'네가 어찌하여 나를 선하다 일컫느냐? 하나님 한 분 외에는 선한 이가 없느니라'는 말씀은 예수님이 선하지 않다는 뜻이 아니라 당시에 사람들이 예수님을 하나님의 아들로 깨닫지 못하고 선지자로 생각했기 때문에 사람은 그 누구라도 선할 수 없다는 것을 강조하기 위해 말씀하신 것이다. 청년이 대답했다.

청년 : 선생님, 저는 이 모든 것을 어려서부터 다 지켰습니다."

예수님은 이 청년을 사랑스럽게 보셨다. 그것은 그 청년의 최대의 장점이었다. 마가복음의 저자인 마가는 어려서부터 율법을 지켰다는 청년의 말을 듣고 예수님은 '그 사람을 사랑하셨다'라고 기록하고 있다. 어려서부터 율법을 성실하게 지키며 하나님을 섬기는 삶을 살아온 그 사람을 예수님은 사랑스럽게 보신 것이다.

그러나 예수님께서 사랑스럽게 보시는 것과 구원의 문제는 별개의 문제였다. 율법에 지키기 위해 노력하는 사람을 하나님은 사랑스럽게 보시지만 그러나 그 자체가 구원의 조건은 아니다. 구원의 조건에 이르지 못한 영혼에게 하나님은 결코 천국을 허락하지 않으신다. 예수님은 그 청년의 문제점이 무엇인지를 아셨다. 그것이 영원한 생명을 얻는데 절대적인 걸림돌이 된다는 사실을 아셨다. 그리고 청년의 문제를 해결할 구원의 조건을 제시하셨다.

예수님 : 너에게는 한 가지 부족한 것이 있다. 가서 네가 가진 것

을 다 팔아서 가난한 사람들에게 주어라. 그리하면, 네가 하늘에서 보화를 차지하게 될 것이다. 그리고 와서, 나를 따라라.

율법을 지켜 하나님을 공경하며 섬기는 삶을 사는 것으로 영생에 이르는 것이 충분하다면 예수님께서 굳이 그 사람에게 전 재산을 포기하라는 말씀을 하지 않으셨을 것이다. 예수님은 어떤 사람의 삶을 사랑스럽게 보시는 것과 그 사람의 영혼에게 천국을 허락하는 것은 별개의 문제임을 우리에게 알게 하셨다.

부자청년은 예수님과의 하브루타를 하면서도 끝내 재물을 포기하지 못하였다.

결국 청년은 이 말씀 때문에 울상을 짓고 근심하면서 떠나갔다. 그에게는 재산이 많았기 때문이다. 결과적으로 그 청년은 영원한 생명보다도 돈을 더 사랑하는 사람이었던 것이다. 청년은 예수님과의 하브루 타를 통해 메타인지가 깨어나면서 자신이 영원한 생명보다 돈을 더 귀하게 여긴다는 사실을 알게 된 것이다.

청년은 어려서부터 율법을 성실하게 지키면서 하나님을 섬기는 삶을 살아왔다. 그럼에도 그 인생의 주인은 돈이었다. 돈이 주인 된 영혼은 결코 천국을 준비하는 영혼이 될 수 없다. 자신은 율법을 지키면서 성실하게 살아왔기에 그것만으로도 충분하다고 생각했을지 모른다. 그러면서도 영원한 생명에 대한 궁금증이 있었다. 이미 예수님은 이 청년이 나오기 전인 마태복음 6장에서 하나님과 돈의 관계를 분명하게 말씀하신 적이 있다.

> 한 사람이 두 주인을 섬기지 못할 것이니 혹 이를 미워하고 저를 사랑하거나 혹 이를 중히 여기고 저를 경히 여김이라 너희가 하나님과 재물을 겸하여 섬기지 못하느니라(마 6:24)

모든 사람은 하나의 주인을 선택해야 한다. 하나는 하나님이고, 다른 하나는 돈(재물)이다. 사람은 필수적으로 둘 중의 하나를 선택하며 살 수 밖에 없다. 하나님을 주인으로 섬기든지, 돈을 주인으로 섬기든지 둘 중의 하나이다. 하나님을 섬기면서 돈도 같이 섬기는 효과적인 방법은 없다. 하나님이든지, 돈이든지 둘 중의 하나이다.

많은 그리스도인들이 말로는 '하나님을 섬긴다'라고 한다. 그렇지만 실제적인 삶의 현장에서는 하나님이 아닌 돈을 섬긴다. 이것은 돈을 직접 만지는 그리스도인 사업가에 국한된 이야기가 아니다. 목회자도 그렇고, 장로도 그렇고, 권사도 그렇고, 심지어 직업을 갖지 못한 청년들이나 학생들도 하나님 대신 돈을 섬긴다. 그러면서도 입으로는 "나는 하나님을 섬긴다!"라고 말한다.

또 돈의 문제 앞에서 그리스도인이나 비그리스도인의 차이가 없다. 미세한 차이는 있을지 몰라도 사건보도를 보면 교회의 목회자나 중직자들이 돈에 연루되어 심판을 받는 장면들을 심심찮게 볼 수 있다. 그리스도인이라고 뇌물을 싫어하지는 않아 보인다. '나는 하나님을 섬긴다'라는 말보다 '돈을 싫어하는 사람은 세상에 없다'는 말이 더 진리처럼 들린다.

예수님은 처음부터 청년의 영적상태를 한 눈에 알아보셨기 때문에 그 사람에게 전 재산을 포기하라는 충격적인 말씀을 하셨다. 사실 이 말씀은 비단 그 청년에게만 주시는 말씀이 아니다. 돈을 주인으로 섬기는 현대의 그리스도인들에게도 동일하게 주시는 말씀이다.

예수님의 말씀은 가난한 사람들에게 돈을 나누어 주라는 것에 초점이 있지 않다. 가난한 사람들을 돌보는 것이 하나님의 뜻이라면 예수님께서 세상에 계실 당시 유대 땅에는 가난한 사람이 한 사람도 없었을 것이다. 또한 오늘날 기독교가 전파된 지역에는 가난한 사람이 한 사람도 없어야 하는 것이다. 이윽고 예수님은 주변을 둘러보신 후 제자들에게 이렇게 말씀하셨다.

예수님 : 부자가 하나님의 나라에 들어가기가 참으로 어렵단다.

제자들은 예수님의 말씀에 놀랐다. 부자가 천국에 들어가기가 어렵다는 것이다. 그렇다면 세상의 모든 부자는 천국에 들어가기가 어렵다는 것인가? 이 말씀을 오해하면 '부자는 천국에 못 들어가고 가난한 사람은 천국에 들어간다'는 식으로 해석될 여지가 있다.

그러나 그렇지 않다. 여기서 말하는 '부자'란 '돈을 하나님 대신 주인으로 섬기는 사람'을 의미한다. 즉 하나님을 버리고 돈을 주인으로 선택한 사람을 의미하는 것이다. 그것은 '부자'(富者)란 돈의 많고 적음을 의미하는 말이 아니라는 것이다. 돈을 많이 가졌어도 하나님을 주인으로 섬기는 사람이 있고, 돈이 없으면서도 돈을 주인으로 섬기는 사람이 많다는 것을 우리는 체험적으로 알고 있다. 돈의 많고 적음이 문제가 아니라 돈을 주인으로 섬기는 사람이 '부자'라는 것이다.

우리는 여기서 또 하나의 질문을 할 수 있다. '하나님을 섬기기 위해선 돈을 반드시 배척의 대상으로 보아야 하는가?' 하는 것이다. 그렇지 않다. 돈은 배척의 대상이 아니다. 만약 그렇다면 하나님을 선택한 사람은 돈과 관련된 어떠한 일도 할 필요가 없다. 돈을 배척의 대상으로 보기 때문이다. 돈은 섬김의 대상이 아닌 관리의 대상으로 이해해야 성경적 정의가 일어난다.

그러나 돈은 항상 경계의 대상이다. 위력이 상상을 초월하기 때문에 관리하는 것 자체가 위험할 수 있다. 예수님이 하나님과 재물을 겸하여 섬기지 못한다고 말씀하신 것도 돈의 위력이 상상을 초월하다는 사실을 알려주신 것이다. 우리는 돈을 관리할 수 있다고 하지만 그 누구도 돈 앞에선 제압을 당한다. 돈은 우리가 상상하는 힘보다 백 배, 천 배, 만 배는 강하다. 예수님은 돈의 능력을 말씀하신 것이다.

돈은 하나님의 신성과 비슷한 면이 있다. 돈은 전능성(全能性)을 가지고 있다. 돈이면 안 되는 것이 없다. 또 돈에는 보편성(普遍性) 이 있다. 돈은 어디든지 침투할 수 있다. 고상한 일에도 돈이 필요하고 저속한 일에도 돈이 필요하다. 살리는 일에도 돈이 필요하고 죽이는 일에도 돈이 필요하다.

또 돈에는 거룩성이 있다. 돈 앞에는 농담이 통하지 않는다. 돈은 장난의 대상이 아니다. 돈 문제가 나오면 사람들은 모두 엄숙해진다. 돈 앞에는 형제자매도 없다. 형제자매가 유산을 놓고 치열하게 싸우는 것은 돈의 위력이 막강하다는 것이다. 누가 감히 돈 앞에서 경거망동을 할 수 있는가? 이렇듯 돈은 전능성, 보편성, 그리고 거룩성을 가진 거대한 힘이다. 신부이며 작가인 안젤름 그륀(Anselm Grun)은 이렇게 말했다.

> "'돈이 시계를 지배한다'는 말은 그 어느 때보다도 오늘날에 적합하다. 돈을 가진 자는 권력자나 영향력 있는 사람에 속한다. 그는 자신이 원하는 모든 것을 할 수 있고, 남에게 권력을 행사할 수 있다. 모두가 이런 돈의 위력을 알고 있다. 돈이 무엇인지는 삼척동자도 다 안다."

돈이면 못 가는 데가 없고, 돈이면 못할 일도 없다. 돈을 준다면 뱃속의 아기도 손 벌리고 나온다고 한다. 돈이 사람을 높게도 만들고 낮게도 만든다. 그러니 돈을 손아귀에 넣기 위해 필사적이 될 수밖에 없다. 은행을 털어 돈을 훔친다. 강도짓을 해서라도 돈을 손에 넣어야 한다.

돈으로 무기를 살 수 있고 무기로 돈을 훔치기도 한다. 돈은 무적의 힘을 가졌다. 그러므로 돈은 폭력과 일맥상통한다.

폭력이란 윤리가 첨가되지 아니한 힘이다. 돈도 그 자체는 윤리적으로 중성적(中性的)이다. 돈 자체에는 윤리가 없다. 그러니 그것이 폭력일 수밖에 없다. 모든 폭력에는 돈이 개입한다. 돈이 개입되지 아니한 폭력은 없다. 힘으로 사는 시대에는 돈의 힘은 만능이며, 돈의 힘은 폭력이기도 하다.

지금 돈은 모든 것들을 상대화시켜 버렸다. 예술 작품도 돈으로 값을 매기게 되었고, 종교적 진리도 돈으로 무게를 다루게 되었다. 돈은 마침내 이 지상에서 하나님을 추방하고 말았다. 돈은 인간에게서 절대가치를 빼앗아 버렸고 그것을 상대화시켰다. 돈이 지배하는 세계에는 절대적 가치가 없다. 인간생활에서 절대가치가 없어지면 윤리와 도덕은 의미가 없어진다. 돈은 인간의 절대가치를 완전히 무력화시켰다. 그래서 돈으로 모든 것을 살 수 있게 만들었다. 그리하여 돈은 만능(萬能)의 제왕(帝王)이 되고 말았다.

어디에 가든 온통 돈타령이다. 대학교수들의 모임에서도 월급 액수와 보너스 이야기다. 작가들의 모임에서도 원고료, 그림 값, 출연료에 이야기가 모여진다. 목회자들도 월급 액수와 교회 예산, 헌금 액수 등에 열을 올린다. 부교역자의 낮은 대우는 돈의 액수와 비례된다. 돈을 가진 자도 돈 이야기뿐이고 돈이 없는 자들도 돈에만 관심이 있다. 가정에서도 침실에서도 직장에서도 거리에서도 모두가 돈 이야기이고 돈에 관심을 쏟고 산다.

사람은 돈에 매여 있다. 먹고 입고 사는 것 때문만은 아니다. 정신이 모두 돈에 팔려 있다. 정치도 돈이고, 군사력도 돈의 힘이다. 돈이 정치를 하고 돈이 막강한 군사력이 된다. 돈으로 전쟁을 하고 돈으로 전쟁에 승리한다. 돈으로 정의를 만들고 돈으로 평화를 조작한다. 돈 없는 사람은 무력하고 돈이 없으면 아무 일도 할 수 없다.

돈은 이제 물건을 사는 증표로만이 아니라 정신과 사상을 사고, 사람의 생명도 헐값에 사게 되었다. 돈의 가치는 점점 높아가고 물건의 가치는 점점 낮아져간다. 돈의 힘이 강화되는 데 비례하여 돈으로 살 수 있는 모든 물건의 가치들은 저하된다. 이것이 돈의 위력이다. 돈의 위력을 이야기하려면 수백 권의 책으로도 다 열거하기 힘들 것이다.

예수님이 왜 하나님과 돈을 대비하여 설명하셨는지 이유를 알게 된다. 분명한 사실은 앞에 열거한 모든 사례도 중요하지만, 돈을 주인으로 섬기는 부자는 천국에 들어가지 못한다는 것이다. 예수님은 다시 제자들에게 말씀하셨다.

> 예수님 : 이 사람들아, 하나님의 나라에 들어가기는 참으로 어렵단다. 부자가 하나님의 나라에 들어가는 것보다 낙타가 바늘귀로 지나가는 것이 더 쉽다.

제자들은 더욱 놀라서 '그렇다면 누가 구원을 받을 수 있겠는가?' 하고 서로 말하였다. 예수님께서 그들을 눈여겨보신 후 말씀하셨다.

> 예수님 : 사람에게는 불가능하나, 하나님께는 그렇지 않다. 하나님께는 모든 일이 가능하다.

그때 궁금증을 참지 못하는 성격 급한 베드로가 예수님께 말씀드렸다.

베드로 : 보십시오, 우리는 모든 것을 버리고 선생님을 따라왔습니다.

예수님 : 내가 진정으로 너희에게 말한다. 나를 위하여, 복음을 위하여, 집이나 형제나 자매나 어머니나 아버지나 자녀나 논밭을 버린 사람은 지금 이 세상에서는 박해도 받겠지만 집과 형제와 자매와 어머니와 자녀와 논밭을 백 배나 받을 것이고, 오는 세상에서는 영원한 생명을 받을 것이다. 그러나 첫째가 꼴찌가 되고 꼴찌가 첫째가 되는 사람이 많을 것이다.

사람에게 돈에 관한 것만큼 어려운 문제는 없는 것 같다. 그리스도인들은 믿음을 가지면서부터 이 땅의 재물에 대해 욕심을 부리기보다는 하늘에 보화를 쌓으라고 귀가 아프도록 들어 왔다. 그럼에도 불구하고 돈에 대한 욕심을 버리는 것이 얼마나 힘든 일인지 우리는 날마다 체험하고 있다.

우리가 세상을 살아가려면 돈이 필요하다. 다만 욕심을 부려 돈에 집착하거나, 아니면 이 세상에서 가장 믿을 만하고 가치 있는 것이라고 여기는 것을 경계하라는 뜻이다. '흙수저', '금수저'라는 신조어도 이런 가치관에서 생겨난 것이 아닌가.

예수님은 우리에게 돈에 대한 가치관을 다시 세우라고 권고하신다. 나에게도 '한 가지 부족한 것'이 돈 문제가 되지 않도록 그리스도인의 가치관을 다시 세우라는 것이다.

'영원한 생명'을 구하러 왔던 부자 청년, 그 청년은 예수님과의 하브루타의 영광을 얻었지만 결국에는 실패하고 말았다. 그는 율법을 지키는 사람이었고 성실한 사람이었지만 슬픈 표정을 짓고 돌아갈 수밖에 없었다. 그는 하나님을 주인으로 모시는 결단을 하지 못했다. 결국 그 청년은 영원한 생명을 얻지 못했다. 지금 그 청년은 지옥의 고통 속에서 예수님과의 하브루타 순간을 기억하면서 통곡하고 있을 것이다.

4. 시로페니키아 여자와의 하브루타 (막 7:24-30)

하브루타는 때로 직설적인 표현으로 사람을 당황시킬 때가 있다. 하브루타에 능한 유대인들의 대화나 질문 스타일은 직설적이고 단도직입적이다. 두루뭉술하지 않고 정곡을 찌르는 대화 및 질문에 사람들은 당황하기 일쑤다. 특히 발표력이 약하고 두루뭉술한 한국인들에게 직설적이고 정곡을 찌르는 질문은 곤혹스럽기 그지없다.

하브루타에서 대화나 질문이 직설적이고 단도직입적인 이유는 사람을 굴복시키거나 당황스럽게 하기보다는 정곡을 찔러 상대의 인지를 파악하기 위함이다. 예수님의 하브루타 역시 상당히 직설적이고 단도직입적인 질문으로 상대방을 곤란하게 하는 경우가 있었다. 그 역시 상대방을 당황시키거나 굴복시키기 위함이 아닌 상대방의 의도를 파악하고 믿음을 시험하기 위함이셨다.

  귀신이 들린 어린 딸을 둔 여자가 예수님의 소문을 듣고 찾아와 그 앞에 엎드렸다. 그 여자는 그리스 시로페니키아(Syrian Phoenicia) 출신의 이방인이었다. 개역개정판 성경에서는 '수로보니게'로 명시되어 있어 흔히 '수로보니게 여인'으로 칭하곤 한다. 시로페니키아 여자에게는 어린 딸이 귀신이 들려 괴로워하던 중 예수님에 대한 소문을 듣고 달려와 자기 딸의 귀신을 쫓아내 달라고 엎드린 것이다.

  예수님의 공생애 동안의 주요사역은 3가지였다. 사람을 살리는 전파사역, 사람을 키우는 교육사역, 그리고 사람을 고치는 치유사역으로 분류할 수 있다. 예수님 당시의 의학수준은 매우 낮았다. 지금으로 보면 간단한 질병이지만, 예수님 당시에는 영양이 부족하고 치료가 쉽지 않아 질병으로 고생하는 사람들이 많았고 심지어 죽는 경우도 적지 않았다.

  그래서 예수님의 중요 사역 중의 하나가 치유사역이었고, 실제로 예수님께 나아오는 각종 환자들은 치유함을 받았다. 예수님은 믿음으로 나아오는 사람들을 거절하지 않았고 누구든지 예수님 앞에 오면 치유해 주셨다.

> 그의 소문이 온 수리아에 퍼진지라 사람들이 모든 앓는 자 곧 각종 병에 걸려서 고통 당하는 자, 귀신 들린 자, 간질하는 자, 중풍병자들을 데려오니 그들을 고치시더라(마 4:24)

> 저물매 사람들이 귀신 들린 자를 많이 데리고 예수께 오거늘 예

수께서 말씀으로 귀신들을 쫓아내시고 병든 자들을 다 고치시니(마 8:16)

시로페니키아 여자도 예수님의 소문을 들었다. 모든 앓는 사람들, 각종 병에 걸린 사람들, 귀신들린 사람들, 간질하는 사람들, 거기에 현대의학도 치료하기 어려운 중풍병자까지 척척 고치신다는 소문을 듣고 한 걸음에 예수님께 달려왔다. 그 여자에게는 체면도, 부끄러움도 없었다. 그저 땅에 엎드려 예수님의 자비를 구할 뿐이었다.

시로페니키아 여자 : 지금 제 딸이 귀신이 들려 몹시 괴로워하고 있습니다. 제발 부탁입니다. 제 딸에게서 귀신을 쫓아내 주십시오.

예수님의 반응이 이상했다. 시로페니키아 여자는 어떤 병이든, 누구든지 고쳐주시는 분으로 알고 왔는데 예수님의 표정은 냉정에 가까울 정도로 무반응적인 모습을 보였다. 그리곤 이방인은 상대하지 않겠다는 식으로 여자의 질문에 대답하셨다. 그것도 유대인들이 이방민족을 표현할 때 사용하는 '개'(dog)라는 단어를 사용하신 것이다.

예수님 : 사람들은 먼저 자녀들을 배불리 먹이는 법이다. 세상에 누가 자녀들이 먹을 빵을 개에게 던져주겠느냐?

치욕적인 순간이었다. 유대인들로부터 '개'라는 표현을 들을 때마다 치욕스럽고 그들을 상대하기 싫었는데 막상 인류를 구원하기 위해 세상에 오셨다는 예수님으로부터 그런 표현을 들으니 여인의 심정은 천 갈래 만 갈래로 찢어지는 것 같았다. '개'라는 표현까지 사용하면서 여자의 요청을 거절하시는 예수님 앞에 여자는 할 말을 잃었다.

　여기서 중요한 사실은, 그럼에도 여자가 포기하지 않았다는 것이다. 여자의 모성애는 포기하지 않는 강력한 힘이 있는 것이 분명하다. '여자는 약하지만 어머니는 강하다'는 말이 있듯이 여자는 예수님이 아무리 거절하셔도 매달릴 강한 의지가 있었다. 귀신들려 고생하는 딸을 생각하면 삼박사일이라도 매달려 요청할 생각이었다.

예수님께 매달려 부스러기 은혜를 구하는 시로페니키아 여자

　또, 가만히 생각해 보면 예수님의 말씀은 거절이 아니었다. 얼마든지 거절로 생각할 수 있는 말씀이었지만 그렇다고 예수님이 대놓고 'No'라고 하신 것이 아니었다. 지금까지 예수님께 찾아오는 모든 병

든 사람들과 귀신들린 사람들을 거절한 적이 없었던 것도 거절이 아니라는 일말의 증거가 될 수 있었다.

여자는 메타인지 능력이 탁월했다. 예수님의 말씀을 그대로 인정했다. 예수님의 거절의 말씀 때문에 기분이 상하거나 화를 내는 우(遇)를 범하지 않았다. 자신이 자격이 없는 이방인이라는 사실을 그대로 인지하고 인정했다. 예수님의 말씀이 옳은 것이 사실이지만 부스러기라도 얻을 심정으로 바닥에 엎드려 자신의 입장을 겸손하게 피력했다.

> 시로페니키아 여자 : 선생님, 그렇긴 합니다만 상 밑에 있는 개들도 아이들이 먹다 떨어뜨린 부스러기는 얻어먹지 않습니까?

핵심은 이것이다. "그래요. 예수님의 말씀이 다 맞아요. 그렇지만 저는 온전한 빵을 원하는 게 아니에요. 어떻게 제가 감히 온전한 빵을 바라겠어요. 다만 부스러기라도 주세요. 아이들이 빵을 먹을 때 떨어진 부스러기 한 조각이라도 주세요. 제 딸을 위해 부스러기 은혜라도 주세요. 저는 그것만으로도 만족해요. 제발요."

예수님이 원하던 대답은 바로 그것이었다. 예수님은 여자의 요청을 그대로 받아들일 수 있었지만 여자의 믿음을 시험하길 원하셨다. 냉정하게 원론적인 대답을 하셨지만 사실은 여자의 큰 믿음을 보기 원하셨다. 포기하지 않는 여자의 믿음, 즉 부스러기 믿음이라도 구하는 믿음을 확인하길 원하셨다.

드디어 예수님은 유대인이 아닌 이방인으로 불충분한 환경에서도 엎드려 간구하는 여인의 믿음을 옳게 보시고 이렇게 말씀하셨다.

예수님 : 그래 옳은 말이다. 어서 돌아가 보아라. 귀신은 이미 네 딸에게서 떠나갔단다.

개역개정판에는 "이 말을 하였으니"라고 되어 있지만 새번역 성경은 "그래 옳은 말이다"라고 되어 있다. 예수님은 시로페니키아 여자의 말이 옳다고 하셨다. 여자의 말을 인정하신 것이다. 예수님은 이방인인 시로페니키아 여자의 말을 그대로 인정하시면서 귀신을 쫓아버리셨다.

여자가 집에 돌아가 보니 아이는 자리에 누워 있었고 과연 귀신은 이미 떠나가고 없었다. 여자가 엎드려 간청하는 그 순간 예수님은 이미 귀신을 쫓아내셨던 것이다. 자식에게 줄 빵을 개에게 주는 사람이 없다고 말씀하시는 그 순간에 이미 귀신은 쫓겨났던 것이다.

차디찬 거절의 말씀을 하신 것은 그 여자의 믿음의 고백을 듣기 원하셨기 때문이다. 여자와 진심어린 하브루타를 하기 원하셨다. 사랑의 예수님은 이미 그 여자와 그 딸을 깊이 사랑하고 계셨다. 우리는 예수님과 시로페니키아 여자와의 짧은 대화를 통해 중요한 두 가지 원리를 깨달아야 한다.

첫째는 어떤 상황에도 포기하지 않는 믿음이 필요하다는 것이다.

시로페니키아 여자는 이방인이었다. 예수님으로부터 냉정한 대답도 들었다. 그럼에도 불구하고 여자는 믿음으로 예수님 앞에 나아왔다. 사람들은 누구나 눈에 보이는 것 없고, 귀에 들리는 것 없고, 손에 잡히는 것이 없을 때 절망한다.

그러나 그 절망의 순간이 하나님이 일하시는 시간이다. 사람의 힘으로 감당할 수 있는 것은 사람에게 맡겨두시고 사람의 힘으로 감당할 수 없을 때 하나님이 일하신다. 여자는 포기하지 않았다. 히브리서 기자는 이렇게 기록했다.

> 믿음이 없이는 하나님을 기쁘시게 하지 못하나니 하나님께 나아가는 자는 반드시 그가 계신 것과 또한 그가 자기를 찾는 자들에게 상 주시는 이심을 믿어야 할지니라(히 11:6)

예수님은 절망의 순간에도 예수님 앞에 나아와 믿음의 고백을 하기 원하신다. 부스러기 은혜를 구하는 심정으로 예수님 앞에 나아와야 한다. 그것이 바로 예수님이 원하시는 믿음이다.

둘째는 예수님이 이미 해결하셨다는 사실이다.

여자가 예수님의 말씀을 믿고 집으로 돌아왔을 때 이미 문제는 해결되어 있었다. 그녀의 딸은 누워 있었지만 귀신은 이미 떠나간 것을 보게 되었다. 예수님은 이미 우리의 마음을 알고 문제를 해결하신 것이다. 사도바울은 이렇게 고백했다.

> 마음을 살피시는 이가 성령의 생각을 아시나니 이는 성령이 하나님의 뜻대로 성도를 위하여 간구하심이니라(롬 8:27)

그럼 언제 귀신이 떠나갔을까? 성경은 '이미' 떠나갔다고 묘사하고 있다. 예수님이 명령하실 때 귀신이 떠나갔다. 그러나 그 이전인 여자가 예수님 앞에 엎드려 요청하는 그 순간 예수님은 이미 귀신을 쫓아내신 것이다. '개'라는 모욕적인 표현을 하고 계시는 그 순간에도 예수님은 여자의 간구를 들으시고 귀신을 쫓아내신 것이다. 우리가 문제를 들고 예수님 앞에 엎드릴 때 예수님은 이미 일하고 계신다.

5. 군중, 그리고 간음한 여자 와의 하브루타 (요 8:1-11)

　일반적으로 하브루타는 많은 양의 대화를 통해 진실을 찾아가는 학습법으로 알려져 있다. 그러나 때로는 많은 양의 대화가 아닌 침묵이나 핵심을 찌르는 질문이나 대답으로 상대방을 제압할 때가 있다. 예수님은 대화를 통해 진실을 찾으려기 보다는 상대방을 공격하려고 할 때는 많은 양의 대화가 아닌 정곡을 찌르는 대답으로 상대방의 의도를 제압하곤 하셨다.

　예수님께서 올리브 산에 갔다가 이른 아침에 성전에 들어가셨을 때이다. 사람들이 예수님이 성전에 오신 것을 보고 몰려들기 시작했다. 예수님이 성전 뜰에 자리를 잡고 앉아 사람들을 가르치려고 할 때였다.

　갑자기 큰 소동이 일어났다. 웅성거리는 소리와 함께 서기관들과 바리새파 유대인들이 여자 한 명을 질질 끌고 와서 사람들 가운데 세워 놓았다. 이 사건에 대한 성화(聖畵)에 보면 군중들이 여자를 땅에 꿇어 엎드리게 한 장면이 많다. 사실이 아니다. 이 사건을 기록한 요한은 '여자를 세워 놓았다'고 분명하게 언급하고 있다.

여자의 옷차림은 흙투성이였고 옷의 곳곳은 찢겨져 있었다. 그들은 마치 여자를 짐승처럼 질질 끌고 온 것 같았다. 여자의 머리는 흐트러졌고 쉴 새 없이 눈물은 흐르고 어깨는 들썩거렸다. 얼굴을 숙이고 있어 잘 보이진 않았지만, 흙과 눈물이 범벅이 된 그녀의 얼굴은 그녀의 현재 상황을 증언하기에 조금도 부족하지 않아 보였다.

여자를 둘러 싼 남자들과 여자들의 표정은 화가 난 듯 흥분해 있었고 손에는 여자에게 던지기 위해 준비된 돌이 쥐여 있었다. 돌을 던지라는 신호가 떨어지면 제일 먼저 던지겠다는 듯 손에는 힘이 잔뜩 실려 있었다. 그들에게 어떤 자비나 애정은 단 한치도 보이지 않았다. 자신들의 계명을 어겼다는 그 하나만으로 죽어 마땅한 여자를 바라보며 씩씩거릴 뿐이었다.

드디어 인상이 아주 험악해 보이는 바리새인 한 명이 전면에 나섰다. 그리고 곧장 예수님을 향해 질문을 던졌다.

> 바리새인 : 선생님 이 여자가 간음하다가 현장에서 붙잡혔습니다. 모세는 율법에, 이런 여자들을 돌로 쳐 죽이라고 우리에게 명령하였습니다. 그런데 선생님은 뭐라고 하시겠습니까?

간음한 여자 옆에는 분노한 군중이 있었지만 예수님은 끝내 여자를 지켜주셨다.

그들이 이렇게 말한 것은 예수님을 시험하여 고발할 구실을 찾으려는 속셈이었다. 결코 순수하지 않은 사람들의 교묘한 계략이었다. 만약 돌을 던지라고 하면 죄인을 구원하기 위해 오셨다는 것이 위선이 될 판이고, 돌을 던지지 말라고 하면 모세의 율법을 어기는 자로 매도될 것이기 때문에 진퇴양난의 계략을 제시한 것이다.

그럼 모세는 간음한 사람에 대해 어떻게 명령했는가? 먼저 그 말씀을 알아보아야 할 것이다. 레위기 20장 10절과 신명기 22장 22절부터 24절에 간음에 대한 모세의 법이 명시되어 있다.

> 남자가 다른 남자의 아내 곧 자기의 이웃집 아내와 간통하면, 간음한 두 남녀는 함께 반드시 사형에 처해야 한다.(레 20:10)

어떤 남자가 남의 아내와 정을 통하다가 들켰을 때에는, 정을 통한 남자와 여자를 다 죽여서, 이스라엘에서 이런 악의 뿌리를 뽑아야 합니다. 한 남자와 약혼한 처녀를 다른 남자가 성 안에서 만나서 정을 통하였을 경우에, 두 사람을 다 성문 밖으로 끌어다 놓고, 돌로 쳐서 죽여야 합니다. 그 처녀는 성 안에 있으면서도 소리를 지르지 않았기 때문이요, 그 남자는 이웃의 아내를 범하였기 때문입니다. 그리하여 당신들은 당신들 가운데서 이런 악의 뿌리를 뽑아야 합니다.(신 22:22-24)

모세의 율법은 명확했다. 간음 중에 잡힌 남자와 여자를 성문 밖으로 데리고 가서 돌로 죽여야 한다. 그런데 이 현장에는 남자의 모습이 보이지 않는다. 또 성문 밖으로 데리고 나가 돌로 치라고 했지만 그들은 여자를 성전 뜰로 끌고 왔다. 그것은 예수님을 시험하여 고발할 구실만 찾으려는 속셈에 불과했다. 만약 그들이 모세의 율법을 지키려 했다면 다음의 규정을 지켜야 했다.

첫째로 남자와 여자 둘을 모두 돌로 쳐야만 한다.
그런데 어디에도 남자의 모습이 보이지 않는다. 당시 그들은 자신들의 편의에 따라 남자는 살려두고 여자만 돌로 치는 잘못을 저지르고 있었다.

둘째로, 성전 뜰이 아닌 성문 밖으로 끌고 가서 돌로 쳐야 한다.
성전 뜰은 율법에 명시된 하나님의 은혜의 장소이다. 출애굽기 25장부터 26장이 성막 자체와 관련된 것들이었다면, 27장은 성막 외부와 관련된 것들이다. 9절에 보면,

"성막 뜰을 두르는 울타리를 만들어라. 가는 실로 짠 모시 휘장으로 울타리를 두르도록 하여라. 남쪽 휘장은 길이가 백 자가 되게 하여라."(9절 새번역)

하나님은 먼저 제단을 놋으로 만들도록 하셨다. 이는 하나님에게 드리는 제물을 태워드리는 곳이다. 제단은 성막 뜰에 놓이게 된다. 제물을 태워드림으로써 사람의 죄가 용서되었다. 하나님은 사람이 그 죄를 용서받을 수 있는 길을 열어 놓으신 것이다.

다음으로 성막 뜰을 만들도록 하셨다. 성막의 바깥은 뜰이다. 이 뜰은 놋으로 만들어진 말뚝과 세마포 휘장으로 둘러싸이게 된다. 사방이 휘장으로 둘러싸이는데 휘장을 젖혀 문으로 사용할 수 있는 유일한 문은 동쪽으로 나 있다. 밖에서 안을 들여다볼 수 없다. 누구든지 이 휘장을 넘어 뜰로 들어올 수 없었고, 오직 문을 통해서만이 들어올 수 있다.

하나님을 사모하는 사람들이 성전 뜰에 들어가서 번제를 드리며 제사장들을 통해서 하나님의 말씀을 듣는다. 누가복음에는 제사장 사가랴가 성소에 들어가 분향을 할 때에 백성들은 뜰에서 기도하고 있었다는 내용이 나온다. 뜰은 모든 백성을 위해 열린 공간이었다. 하나님은 처음부터 끝까지 그 백성들이 하나님에게 준비된 마음으로 나아와 죄사함을 받고 하나님과 교제하는 장소가 되도록 빈틈없이 성막을 만들도록 하신 것이다. 그런 장소에 간음한 여자를 돌로 치기 위해 끌고 온 것은 그들이 먼저 율법을 어기고 있는 것이다.

셋째로, 그들은 모세의 율법에 따라 예수님께 묻지 말고 돌로 치면 되는 것이다.

그들이 율법을 지키기 위한다면 굳이 예수님께 물어 볼 이유가 없다. 율법에 따라 돌로 치면 되는 것이다. 앞에서도 말했지만 그들이 질문한 것은 예수님을 시험하여 고발할 구실을 찾기 위함이었다.

유진 피터슨(Eugene H. Peterson)은 예수님 당시의 유대인들은 '참으로 용감했고 신실함이 대단한 사람들이었다'라고 말했다. 만일 바리새인들의 타협하지 않았던 모세의 율법이 없었더라면 유대민족은 무력과 문화를 이용한 당대의 강력한 조류였던 그리스 문화에 흡수되고 말았을 것이다.

그럼에도 불구하고 우리는 바리새인들을 닮으려고 하지 않는다. 그 이유는 그들이 인격적인 예수님과 전혀 다른 삶의 모습을 보이기 때문이다. 바리새인을 정의(definition)와 관념이라는 단어로 묘사할 수 있다면, 예수님은 대화와 이야기라는 단어로 설명될 수 있을 것이다.

그럼 바리새인들의 질문에 예수님은 뭐라고 답변하셨는가? 예수님은 그들의 질문에 답변하지 않으셨다. 하브루타란 질문하고 대답하고, 토론하는 학습법이다. 그렇다면 예수님은 그들의 질문에 어떤 대답을 해야 했다. 그러나 예수님은 답변하지 않으셨다.

하브루타는 질문하고 대답하고 토론하는 대화식 학습법이지만 굳이 대답하지 않을 때에 대답하지 않는 것이 메타 하브루타이다. 대답을 미처 준비하지 못했을 때 어설프게 대답하는 것보다 침묵하는 것이 좋다. 침묵하면서 생각의 시간, 즉 메타인지를 작동시키는 시간을 갖는 것이 효과적이다.

예수님은 대답하는 대신 몸을 굽혀서 손가락으로 땅에 무엇인가를 쓰셨다. 무엇을 쓰셨을까? 지금 우리가 가진 성경에는 그런 내용이 없지만 다른 고대 사본들에는 아주 재미있는 내용이 담겨 있었다. 그것은 바로 거기에 모인 각 사람의 죄목을 땅에 쓰셨다는 사실이다.

그들의 눈은 예수님의 손가락에 집중되어 있었다. 간음한 여자보다는 예수님이 뭐라고 하실지, 뭐라고 땅에 쓰시는지 그들의 온 신경은 예수님의 손가락에 집중되어 있었을 것이다. 그런데 만약 땅에 쓰인 내용이 그 자리에 있는 한 사람 한 사람의 죄목이라고 할 때 자신도 모르는 사이 몸에 힘이 빠지는 느낌을 받았을 것이다.

예수님이 그들의 죄목을 쓰신 것인지 확인할 수는 없지만, 분명한 사실은 침묵의 시간이 존재했다는 사실이다. 그 침묵의 시간에 사람들은 어떤 생각을 했을까? 물론 처음에는 돌을 들어 여자에게 던지려고 했지만 시간이 지나면서 그들의 생각은 바뀌어가고 있었다. 메타인지가 작동하기 시작했기 때문이었다.

그들은 예수님이 대답하지 않는 것에 불안감을 느끼기 시작했다. 흥분되었던 분위기가 이해하기 어려운 묘한 분위기로 흘러가는 느낌이었다. 이런 분위기로 흘러가다간 자신에게 책임이 전가될 것 같은 묘한 느낌이 들었다. 그래서 그들은 예수님의 대답을 재차 요구했다. 그러자 예수님이 땅에 굽혔던 허리를 펴시면서 사람들의 눈을 바라보셨다. 그리고 처음으로 입을 여셨다.

    예수님 : 너희 가운데서 죄가 없는 사람이 먼저 이 여자에게 돌을 던져라.

그리고는 다시 몸을 굽혀서, 땅에 무엇인가를 다시 쓰셨다. 사람들은 이런 분위기가 너무 싫었다. 가타부타 뭐라도 말하기를 원했던 사람들은 이제 판세가 자기에게 불리하게 돌아감을 느끼기 시작하고 조용히 자리를 떠나기로 내심 결정했다.

예수님은 그 시간 개인들의 메타인지를 깨워 주셨다. 군중심리에 묻혀 자기망각에 빠져 있던 한 사람, 한 사람의 메타인지를 깨워주고 계셨다. 자신의 가치관에 따른 인지를 가지고 있던 개인이, 사람이 모여 군중이 형성되고 그 군중을 구성하는 일원이 되는 순간, 그들은 인지적 오류에 빠져 버린다. 인지적 오류에 빠져 있을 때 그들은 흥분하고 소리를 지르고 동물처럼 행동한다. 어느 정도의 시간이 흐르면서 그들 속에 있던 메타인지가 작동되기 시작했다.

메타인지가 작동하게 되자 그들은 부끄러워졌다. 메타인지를 통해 자신을 돌아보는 순간 자신이 돌을 들어 던질 사람이 될 수 없다는, 아니 자신이 돌을 맞는 자리에 서야 한다는 사실을 깨닫게 되었다. 여기에 계속 있다간 미쳐버릴 것 같은 느낌이었다. 특히 나이가 많은 사람들은 더 큰 압박이 느껴졌을 것이다.

새번역 성경은 "이 말씀을 들은 사람들은, 나이가 많은 이로부터 시작하여, 하나하나 떠나가고, 마침내 예수만 남았다. 그 여자는 그대로 서 있었다."(요 8:9)고 말씀한다.

나이가 많은 사람들부터 먼저 자리를 뜨기 시작했다는 것이다. 이 말씀은 우리에게 중요한 점을 시사한다. 왜 나이가 많은 사람들이 먼저 자리를 떠나갔을까? 사람은 오래 살면 살수록 죄를 많이 짓게 된다. 동일한 조건이라면, 30세의 사람보다 60세의 사람이 더 죄를 많이 지었을 것이다. 적어도 30년 동안이나 더 죄를 지었기 때문에 죄의 양이 더 많을 것이다. 따라서 먼저 자리를 떠났을 것이다.

그러나 메타인지의 입장에서 설명하면 다르다. 나이가 많은 사람들은 젊은 사람보다 자신을 돌아보는 지혜가 뛰어나다. 젊은 사람들이 나이가 많은 사람보다 정보에 민감하고 더 총명한 것이 사실이지만, 자신을 돌아보는 능력인 메타인지가 떨어지는 것이 사실이다.

젊었을 때는 자신이 잘 난 줄 안다. 자신이 똑똑한 줄 안다. 자신들이 경험이 많은 선배들보다 세상을 아는 정보와 지식을 더 많이 가졌다고 생각한다. 그래서 선배들의 이야기를 듣지 않으려 한다. 그러나 자신이 소유한 것은 지혜가 아닌 지식에 불과하다. 세상은 자신을 객관화시키는 지혜를 가질 때 비로소 세상을 알게 되는 것이다. 그것이 바로 메타인지의 능력이다.

결국 어느 정도의 시간이 흐른 후 그 자리에는 예수님과 그 여자만 남게 되었다. 큰 소리와 분노가 가득했던 공간이 적막한 공간으로 바뀌었다. 그동안 땅에 엎드려 무엇인가를 쓰던 예수님이 드디어 일어나셨다. 예수님과 여자의 눈이 마주쳤다. 예수님이 입을 떼셨다.

    예수님 : 여자여, 사람들은 어디에 있느냐? 너를 정죄한 사람이
    한 사람도 없느냐?

    간음한 여자 : 주님, 한 사람도 없습니다.

    예수님 : 나도 너를 정죄하지 않는다. 가서, 이제부터 다시는 죄를

짓지 말아라.

사건은 의외로 조용하게 종결되었다. 단 한 사람도 여자를 정죄하지 못했다. 처음에는 시끌벅적해서 뭔가 큰 일이 일어날 것 같았지만 각 사람의 메타인지가 작동하는 순간 사람들은 돌을 던질 수 없었다. 더 이상 정죄할 수 없었다. 아니 그 자리에 머물 수 없었다. 그래서 그 사람들은 자릴 떠나 어디론가 갈 수 밖에 없었다.

메타인지가 작동하면 소동이 사라진다. 소동하는 이유는 감정의 동요로 인해 자신을 돌아보지 못하기 때문이다. 자신을 돌아보지 못했을 때 소동이 일어난다. 소동이 문제가 되는 것은 자신을 돌아보는 여백이 없기 때문이다. 무엇이 옳고 그른지를 구별하지 못한다. 자신만의 주장에만 타당성이 있다고 믿게 된다. 인지적 오류에 빠져 참과 거짓, 진리와 비진리에서 벗어나지 못하게 되기 때문이다. 이때 우리에게 필요한 것은 메타인지를 알게 하는 질문을 해야 한다.

6. 엠마오 도상의 두 제자와의 하브루타 (눅 24:13-35)

'하브루타'에 대한 여러 가지 정의가 있지만 가장 쉽게 표현한다면 '서로 설명하기'라고 할 수 있다. '서로 설명하기'는 여러 가지 장점이 있다. 이해하지 못하거나 납득하지 못한 부분에 대한 충분한 설명이 가능하고, 인지적 오류를 깨닫게 하는데 큰 도움이 된다. 엠마오 도상의 두 제자와 예수님의 하브루타가 '서로 설명하기'에 대한 대표적 사례가 될 것이다.

예수님이 죽음을 이기고 무덤에서 부활하셨다는 소식을 들었음에도 그 사실을 믿지 않는 사람들이 있었다. 열 두 제자 중에 하나였던 도마는 예수님의 부활을 믿지 못했다. 엠마오 도상의 두 제자도 예수님의 부활을 믿지 못했다. 그래서 그들은 3년 동안이나 따랐던 제자의 삶을 포기하기로 작정하고 예루살렘에서 11킬로미터 떨어진 엠마오라는 마을을 향해 가고 있었다.

두 제자는 엠마오를 향하는 길에서 지난 삼일 동안 일어난 이 모든 일을 서로 이야기하고 있었다. 아마 정리의 시간을 가진 것으로 생각된다. 그들은 지난 3년 동안 예수님을 기대하며 따라다녔던 결과에 대한 실망으로 침울해 있었다. 예수님의 부활소식을 들었지만 믿지 않았다. 그들은 '이제는 더 이상 기대할 것 없다'는 심정으로 낙향하기로 결정했다.

그들이 3년간의 생활을 정리하며 토론하면서 걸어가고 있을 때, 예수님이 가까이 그들과 함께 걸으셨다. 그러나 그들은 눈이 가려져서 예수님을 알아보지 못하였다. 자기들과 방향이 같은 길을 가는 나그네인줄로 알고 있었다.

두 제자는 예수님을 알아보지 못했지만 예수님은 하브루타를 통해 성경을 깨닫게 하셨다.

그들은 예루살렘에서 벌어진 사건, 즉 자신들의 스승이었던 예수님에 대해 토론하고 있었지만 제자들은 자기가 기존에 알고 있던 생각이나 정보를 절대적인 진리로 믿는 확증편향(confirmation bias)의 오류에 빠져 있었다. 그런 사람은 무슨 말을 해도 믿지 않는다. 즉 자신이 믿고 싶은 것만 믿고 보고 싶은 것만 보는 것이다. 그때 나그네가 불쑥 끼어들어 그들에게 물었다.

    예수님 : 당신들이 걸으면서 서로 주고받는 이 말들은 무슨 이야기입니까?

그들은 침통한 표정을 지으며 걸음을 멈추었다. 그 때에 그들 가운데 하나인 글로바라는 사람이 예수님께 말했다.

    글로바 : 당신도 예루살렘에 머물러 있었던 것 같은데 이 며칠 동안에 거기에서 일어난 일을 당신 혼자만 모른단 말입니까?

    예수님 : 잘 모르겠습니다. 도대체 무슨 일이 있었습니까?

그들은 자기들과 함께 걷고 있는 이 사람이 예루살렘에서 벌어진 일에 대해 조금도 알지 못하는 사람이라고 생각했다. 그래서 조금은 답답한 마음으로 나그네에게 자신들이 겪었던 일들을 설명하기 시작했다.

    글로바외 1명의 제자 : 나사렛 예수에 관한 일입니다. 그는 하나님과 모든 백성 앞에서 행동과 말씀에 힘이 있는 예언자였습니다. 그런데 우리의 대제사장들과 지도자들이 그를 넘겨주어서 사형선고를 받게 하고, 십자가에 못 박아 죽였습니다. 우리는 그분이야말로 이스라엘을 구원하실 분이라는 것을 알고서 그분에게 소망을 걸고 있었는데 말입니다.

그들은 예수님을 이스라엘을 구원할 메시야로 믿었다. 단지 그것뿐이었다. 인류를 구원하기 위해 하나님의 아들 예수님이 오셨다는 사실을 지난 3년 동안 귀에 딱지가 생기도록 들었지만 두 제자는 자신들이 보고 싶은 것만 보고, 믿고 싶은 것만 믿는 확증편향이라는 인지적 오류에 빠져 있었다.

자신들이 그토록 믿고 싶었던 메시야는 이스라엘을 로마의 압제로부터 독립시킬 구원자라고 생각했다. 그들은 이미 예수님으로부터 예수님이 하실 일에 대해 듣고 있었지만 그들은 다른 생각을 하고 있었다. 인지적 오류에 빠진 그들은 인류의 죄악을 담당하실 구원자에게는 조금도 관심이 없고 확증편향에 갇혀 있었다.

그들은 오직 속국인 조국 이스라엘을 로마의 압제로부터 구원해 줄 메시야만을 생각하고 있었다. 자신의 계획만 옳다는 생각을 하고 있었다. 그런데 예수님은 십자가에서 돌아가셨고 그들이 가진 모든 꿈과 희망이 산산이 부서진 것이다. 그들의 실망은 이만저만이 아니었을 것이다.

두 제자는 '그분에게 소망을 걸고 있었다'고 말했다. 그 소망은 잘못된 소망이었다. 예수님의 제자라고 했지만 그들은 예수님의 소망이 아닌 자신들의 소망을 가지고 있었다. 그들은 '이스라엘을 구원할 분'이라는 확증편향에 매몰되어 있었다.

이렇듯 확증편향이란 자신의 믿음에 부합되는 정보는 재빨리 받아들이지만, 이와 반대되는 정보는 무시해 버리거나 자신의 믿음을 보강하는 정보로 해석하는 심리적 편견의 하나로 영국 심리학자 피터 웨이슨(Peter Wason)이 제시한 개념이다.

즉, '보고 싶은 것만 보고, 듣고 싶은 것만 듣고, 믿고 싶은 것만 믿는' 인간의 오류인 것이다. 이런 오류로 인해 인간은 일단 하나의 결정을 내리면 다른 좋은 선택지가 나타나도 절대로 자신의 생각을 바꾸지 않는다. 이른바 고집을 부리는 것이다. 확증편향을 예로 몇 가지만 들어보자.

1. 한국에서 하나의 스마트폰을 사용하는 사람들을 놓고 설명할 수 있다. A스마트폰을 이용하는 사람들은 시간이 지날수록 A스마트폰에 익숙해진다. A스마트폰에 익숙해진 사람은 A스마트폰이 가장 익숙하고 좋다고 생각한다. 또 A스마트폰이 좋다고 생각하는 사람은 다음 구매 시에도 A스마트폰을 선택하겠다고 생각한다.

A스마트폰을 선호하는 사람은 B사에서 만든 최고의 사양과 저렴한 가격을 제시해도 절대로 자신의 생각을 바꾸려고 하지 않는다. '그까짓 것'이라고 폄훼하기 일쑤다. 설령 A스마트폰社에서 가격을 부당하게 올리면 순간 망설이지만 '그래도 나는 A 스마트폰만 사용할거야'라고 확정지어 말한다. 사실 똑같은 제품에 로고를 B스마트폰으로 인쇄하고 가격을 반값 이하로 내려도 B스마트폰을 선택하지 않았다고 한다. 왜냐하면 A스마트폰을 사용하는 사람은 A스마트폰이 옳다는 확증편향에 빠졌기 때문이다.

2. 얼마 전, 독일의 B社의 차량들이 주행 중 불이 나서 사회적 물의를 일으켰다. 주행 중 화재가 일어나는 것은 자동차 파손의 손해 뿐 아니라 생명에도 위험을 초래하는 무서운 일이다.

당연히 대부분의 사람들은 B社 자동차의 판매가 급감할 것이라고 예상했다. 그러나 그것은 기우였다. 판매량이 순간 떨어진 것은 사실이었지만 그것은 다른 수입차의 판매량 비율과 별반 다르지 않았다. B社의 자동차만이 세계 최고라고 확증편향하는 사람들은 최악의 문제가 발생해도 B社에 대한 신뢰를 거두지 않았다.

3. 새로운 친구를 만난 사람이 있다. 새로운 친구와 좋게 잘 지내고 있는데 오랫동안 알고 지내던 지인이 새로운 친구에 대해 "들리는 말에 의하면 그 사람 소문이 안 좋던데…"라고 말했다. 그때부터 그 사람은 새로운 친구에 대해 의혹을 갖고 경계하게 되었다.

시간이 지나면서 새로운 친구를 경계하게 되었고 결국 관계가 끊어지고 말았다. 오랜 지인은 새로운 친구를 만나본 적도 없지만 제 삼자를 통해 들었던 말을 확증해서 그 사람에게 전달했고 그 사람은 그 말을 믿으면서 관계가 끊어지게 된 것이다. 직접 들은 소문도 아니고, 또 소문이라는 것이 사실로 확증된 것이 아님에도 그 사람은 그 사실을 믿어버렸다. 인간관계에서도 확증편향에 빠지게 되는 사례이다.

사람들은 자신이 소유한 것이나 경험한 일에 대해 높은 가치를 부여한다는 연구결과도 있다. 어떤 나라나 명소를 가본 사람은 그 장소나 명소에 높은 가치를 부여하는 반면, 가보지 않은 사람은 일부러 그 가치를 평가절하하게 마련이라는 것이다. 그럼에도 개인의 평가절하가 진실로 포장되는 것이 확증편향이다.

따라서 확증편향은 사실에 의거한 것이 아니다. 문제는 확증편향에 빠지면 그것이 사실이든 사실이 아니든 아무런 상관이 없어진다는 것이다. 사실로 포장되기 때문이다. 확증편향은 분명한 인지적 오류이다. 그럼에도 아무런 검증의 과정을 거치지 않고 사실로 우리에게 다가온다는 것이다. 확증편향에 빠지면 사실이 아닌 것이 사실이 되고, 사실이 거짓으로 바뀌는 중대한 오류에 직면하게 된다. 이러한 것이 지금 한국에서 일어나고 있는 문제들의 단초를 제공하여 서로를 분열하고 싸우게 하는 오류를 범하게 한다.

확증편향이 위험한 것은 리더나 상사, 전문가 등 소위 윗사람들이 자신의 권력이나 권위, 혹은 전문가적 지식을 무기삼아 자신의 왜곡되고 편협한 생각을 밀어붙이는 경우도 종종 있기 때문이다. 게다가 여기에 가엾은 을(乙)들의 맞장구까지 곁들여지면 '벌거벗은 임금님'이 탄생하게 되는 기반이 마련되는 셈이다.

엠마오로 내려가는 두 제자들도 이러한 확증편향에 빠져 있었다. 거기에 설상가상으로 죽었던 예수님이 다시 부활했다는 이상한 소문이 들리기 시작한 것이다. 몇몇 여자들이 천사들의 환상을 봤다고 하고, 무덤은 비어 있고, 예수님의 시체가 사라졌다는 믿을 수 없는 이야기들로 인해 혼란이 가중되었다. 더 이상 예루살렘에 머물다간 미쳐버릴 것 같은 느낌이었을 것이다. 결국 그들이 택한 최선의 방법은 예루살렘을 떠나는 것이었다.

> 글로바와 1명의 제자 : 그뿐만 아니라, 그런 일이 있은 지 벌써 사흘이 되었는데, 우리 가운데서 몇몇 여자가 우리를 놀라게 하였습니다. 그들은 새벽에 무덤에 갔다가, 그의 시신을 찾지 못하고 돌아와서 하는 말이, 천사들의 환상을 보았다는 것입니다. 천사들이 예수가 살아 계신다고 말했다는 것입니다. 그래서 우리와 함께 있던 몇 사람이 무덤으로 가서 보니, 그 여자들이 말한 대로였고, 그분은 보지 못하였습니다.

그들은 피를 토하는 심정으로 진실을 말하는 것 같지만, 예수님이 십자가에 달려 돌아가시기 전에 하셨던 말씀도 믿지도 않았고, 또 실제로 예수님이 부활하셨다는 말조차 믿고 싶지 않았다. 그래서 더 이상 관여를 하지 않으려 했다.

그들이 생각한 예수님은 십자가에서 죽었다가 부활하는 메시야가 아닌 압도적인 능력으로 로마제국을 무너뜨릴 강력한 메시야였다. 십자가에서 모진 고통을 당하고 십자가에 못 박히는 예수님이 아닌 강력한 능력으로 신음하던 이스라엘을 독립국가로 만들어 줄 예수님이길 소망했다. 그들은 여전히 인지적 오류에서 벗어나지 못하고 있었고 자기들이 믿고 싶은 것만 믿고 있었다. 사실 그들은 예수님과 동상이몽(同床異夢)의 꿈을 꾸고 있었다. 예수님은 그들에게 분명하게 설명하셨다.

> 예수님 : 당신들은 어리석은 사람들입니다. 예언자들이 말한 모

든 것을 그렇게 못 믿으니 말입니다. 그리스도가 마땅히 이런 고난을 겪고서, 자기 영광에 들어가야 하지 않겠습니까?

예수님은 그들을 향해 '어리석은 사람'이라고 하셨다. 그들은 구약의 예언자들이 했던 말씀을 잘못 이해하고 있었다. 그들은 인류의 죄를 담당하기 위한 고난을 생각하지 않았고 영광만 생각하고 있었다.

더 큰 문제는 스스로 자신들이 대단하게 현명한 사람들이라고 생각했던 것이다. 그들은 예수님이 성경에 예언되어진 메시야를 잘못 이해하고 있었다. 그들은 이스라엘을 구원해 줄 메시야만을 기대하고 있던 것이다. 예수님은 단 한 번도 그들이 생각하는 메시야를 설명하지 않았지만 그들 스스로 영광스러운 메시야만을 기대하고 있었다. 이런 사람을 일깨우는 것은 결코 쉽지 않은 일이다.

예수님은 성경대로 오신 분이고, 성경대로 죽으시고, 성경대로 다시 살아나셨지만 그들은 자기의 관념에 사로잡혀 예루살렘에서 일어난 그 놀라운 사건을 실패로 규정했다. 눈이 닫힌 그들은 성경대로 진행된 하나님의 계획에 아무런 관심이 없었다. 인지적 오류에 빠진 사람들에게 객관적인 기준은 필요 없다. 언제나 자기중심적으로만 생각하기 때문이다.

예수님은 진정 성경대로 오셨고, 성경대로 죽으셨고, 성경대로 다시 살아나신 분이셨다. 후에 사도바울은 예수님을 성경의 약속에 대해 이렇게 말했다.

"내가 받은 것을 먼저 너희에게 전하였노니 이는 성경대로 그리스도께서 우리 죄를 위하여 죽으시고 장사 지낸 바 되셨다가 성경대로 사흘 만에 다시 살아나사"(고전 15:3-4).

예수님은 이들에게 필요한 것이 무엇인가를 알고 계셨다. 그렇기에 부활하신 예수님은 엠마오로 내려가는 제자들을 올바로 이해시키기 위해 그들과 친히 동행하시면서 하브루타를 시작하셨다. 예수님은 모세와 모든 예언자에서부터 시작하여 성경 전체에서 자기에 관해 써 놓은 일을 그들에게 설명해 주셨다.

자신들과 동행하던 나그네의 설명을 듣던 그들은 자신들의 생각이 얼마나 헛되고 어리석은 것인가를 깨닫게 되었다. 인지적 오류의 하나였던 확증적 편향에서 벗어나게 된 것이다. 성경에 예언된 메시야가 누구이며, 왜 고난을 당했으며, 왜 죽어야 했는지 비로소 알게 되었다. 이스라엘을 구원할 메시야가 아닌 전 인류를 구원할 하나님의 아들 예수 그리스도를 깨닫게 된 것이다. 그들의 마음은 뜨거워졌다.

그러는 사이 그들은 자기들이 가려고 하는 엠마오에 가까이 이르게 되었다. 그들은 나그네가 들려주는 성경 전체에 예시된 예수님의 설명을 더 듣고 싶었다. 그런데 나그네는 더 멀리 가려는 것 같았다. 그들은 나그네를 만류하여 말하였다.

　　글로바외 1명의 제자 : 저녁때가 되고, 날이 이미 저물었으니 오늘 밤 우리 집에 묵으십시오.

나그네는 그들의 요청을 수락하고 집 안으로 들어가셨다. 그리고 그들과 함께 음식을 잡수시려고 앉으셨다. 나그네는 빵을 들어서 축복하시고, 떼어서 그들에게 주셨다. 그제야 그들의 눈이 열려서 예수님을 알아보게 되었다. 그러나 한 순간에 예수님은 그들의 시야에서 사라지셨다.

　　글로바와 1명의 제자 : 길에서 그분이 우리에게 말씀하시고, 성경
　　을 풀이하여 주실 때에, 우리의 마음이 뜨거워지지 않았습니까?

　성경 전체를 설명해 주시던 예수님의 말씀을 들을 때 그들의 마음이 뜨거워졌다. 자신들이 믿고 싶어 하던 메시야가 아닌 인류의 죄를 지고 십자가에서 돌아가셨다가 부활하신 진정한 메시야에 대한 설명을 들을 때 그들의 마음은 한없이 뜨거워졌다. 성경에 예언된 그리스도에 대한 발견은 그들의 고민을 한 방에 날려주었다.

　그들은 더 이상 망설일 필요가 없었다. 예루살렘이 11킬로미터나 떨어져 있고, 또 어두운 밤이었지만 그 어떤 것도 그들에겐 아무런 장애가 되지 않았다. 그들은 그대로 일어나서, 예루살렘을 향해 달렸다. 예루살렘에 와보니 가룟 유다를 제외한 열한 제자와 또 그들과 함께 있던 사람들이 모여 있었다. 그들은 모인 제자들에게 담대하고도 확신에 찬 어조로 힘 있게 외쳤다.

　　글로바와 1명의 제자 : 예수님께서 확실히 살아나셨고, 시몬에게
　　나타나셨고, 오늘 우리들에게 나타나셨습니다.

　그 두 사람은 자신들이 엠마오로 내려가던 길에서 겪었던 일과 빵을 떼실 때에 비로소 그를 알아보게 된 일을 설명하였다. 성경대로 오셨고, 성경대로 죽으셨고, 성경대로 부활하신 예수 그리스도를 설명

하였다.

엠마오로 내려갔던 두 제자들이 이 말을 할 때에 놀라운 일이 일어났다. 예수님께서 친히 제자들에게 나타나신 것이다. 그리고 가운데에 서신 후 말씀하셨다

> 예수님 : 너희에게 평강이 있을지어다.

제자들은 무척 놀랐다. 그들은 놀라고 무서워하면서 지금 자신들이 보는 것을 사람이 아닌 영으로 생각하고 있었다. 제자들은 엠마오 도상의 두 제자의 설명을 들었음에도 여전히 믿지 못하고 두려워하고 있었다. 도저히 자신의 상식으로는 이해할 수 없는 상황이 전개되고 있었기 때문이었다. 그런 심정을 아신 예수님은 이렇게 말씀하셨다.

> 예수님 : 어찌하여 두려워하며 어찌하여 마음에 의심이 일어나느냐? 내 손과 발을 보고 나인 줄 알라. 또 나를 만져 보라. 영은 살과 뼈가 없으되 너희 보는 바와 같이 나는 있느니라.

예수님은 이 말씀을 하시고 손과 발을 보여주셨다. 그러나 그들은 너무 기쁘고 얼떨떨해서 아직도 믿지 못하고 있었다. 그러자 예수님은 제자들에게 말씀하셨다.

> 예수님 : 여기 무슨 먹을 것이 있느냐?

제자 중의 한 사람이 예수님의 손에 구운 생선 한 토막을 드렸다. 그러자 예수님은 그 생선을 받으시고 제자들 앞에서 드셨다. 제자들은

비로소 예수님이 부활하신 것을 믿게 되었다. 생선을 드신 예수님은 십자가를 지시기 전에 제자들에게 하셨던 말씀을 다시 설명하셨다.

> 예수님 : 내가 너희와 함께 있을 때에 너희에게 말했던 곧 모세의 율법과 선지자의 글과 시편에 나를 가리켜 기록된 모든 것이 이루어져야 하리라 한 사건의 전말이 바로 이것이었던 것이다. 그런데 너희들이 동상이몽의 우를 범하고 있었던 것이었다.

예수님은 그들의 마음을 열어 성경을 깨닫게 해주셨다. 십자가를 지시기 전에 그토록 열심히 설명했지만 제자들은 예수님의 말씀을 믿지 못했다. 아니 예수님이 3년 동안 피가 토하도록 가르쳤던 말씀을 자기 관점에서 해석하는 우(愚)를 범하고 있었던 것이다.

그렇다. 오늘도 성경은 우리에게 진리를 호소하고 있지만 우리의 눈이 멀고 마음이 닫혀있어 진리의 말씀에 귀 기울이지 않고 있다. 우리는 우리가 보고 싶어 하는 것만 보고 믿고 싶어 하는 것만 믿으면서도 그것이 진리라고 한다. 하나님의 말씀을 윤리적으로 좋은 말씀 정도로 이해하고 있을 뿐이다. 자기관점으로 성경을 이해했던 제자들의 실수를 오늘 우리도 똑같이 반복하고 있는 것이다.

예수님의 말씀은 계속 이어졌다. 예수님이 엠마오 도상의 두 제자에게 나타나신 이유, 그리고 다른 제자들에게 나타나신 이유는 예수님의 죽으심과 부활이 우연히 발생한 것이 아닌 성경대로 이루어진 사실을 알려주시기 위함이었다. 동시에 예수님이 이 세상에 오신 진정한 이유를 알게 하시고 그들에게 사명을 주시기 위함이었다.

예수님 : 이같이 그리스도가 고난을 받고 제삼 일에 죽은 자 가운데서 살아날 것과 또 성경에 기록된 대로 예수 그리스도의 이름으로 죄 사함을 받게 하는 회개가 예루살렘에서 시작하여 모든 족속에게 전파될 것이 성경에 기록된 것에 너희는 이 모든 일의 증인이라

3년 동안이나 예수님을 따라다녔던 제자들, 그들은 예수님을 오해하고 있었다. 그들은 예수님이 이스라엘을 로마의 압제에서 구원할 메시야로 생각했기 때문에 오해하고 낙심했던 것이다. 그들은 예수님의 오신 진의(眞意)를 알기 원치 않았다. 그들은 자신 나름대로 판단하고 자신의 입장에서 예수님을 이해하려고 했다. 모세와 선지자들의 예언을 믿지 않았던 이유는 자신의 생각의 틀에서 벗어나지 못했기 때문이다.

엠마오 도상의 두 제자와 함께 한 하브루타는 그들의 잘못된 생각을 깨닫게 해주셨다. 예수님의 하브루타는 이렇게 사람들의 인지적 오류를 깨닫게 하는 힘이 있다. 만약 예수님이 제자들과의 하브루타가 없었다면 그들은 예수님의 말씀도, 성경에 기록된 예언자들의 예언도 무시하고 여전히 자기관념에 사로잡혀 예수님이 세상에 오신 목적을 올바로 이해하지 못했을 것이다.

우리는 예수님과 엠마오 도상의 두 제자와의 하브루타를 통해 다음과 같은 세 가지의 중요한 원리를 깨달을 수 있다.

첫째는 확증편향이라는 인지적 오류에 빠져선 안 된다는 사실이다. 사람들의 인지는 매우 약하다. 편견에 빠져 있고, 주관적이며, 자기

중심적이다. 이런 사람은 확증편향에 빠질 수밖에 없는 구조를 가지고 있다. 이런 사람은 어떠한 사실에 대해 가설을 확증하는 근거는 신뢰하는 반면, 반증은 축소하거나 무의미하게 여기는 특징이 있다. 즉 자신의 신념과 일치해서 확신할 수 있는 확증은 수용하지만, 자신의 주장을 부정하거나 반대되는 증거나 반증은 배척하고 무시하는 심리적 경향을 말한다.

확증편향의 원인은 자기논리와 고정관념에서 벗어나지 못하는 선입견 때문이다. 이러한 선입관을 뒷받침하지 못하는 새로운 정보나 다른 의견은 틀린 정보로 인식하게 된다. 이로 인해 자신의 주관적 판단에 부합하는 정보를 중요한 것으로 인지하고, 기존의 관점과 충돌하는 정보의 가치를 평가 절하하게 된다. 결국 자신에게 유리한 방향으로 정보를 축소나 왜곡으로 재해석하는 자기합리화가 발생, 자신의 편견을 강화하는 결과로 이어진다.

이런 사람이 문제가 되는 것은 살리는 신앙이 아닌 죽이는 신앙의 결과를 가져오고, 화평과 질서가 아닌 자기중심적인 이기심으로 충만해지고, 자기가 믿고 싶은 것만 믿고, 보고 싶은 것만 보려고 하기 때문에 전인적인 신앙인으로 성장하지 못한다. 오랫동안 신앙생활을 해도 결국에는 이기적인 교인으로 남을 뿐이다. 따라서 이런 사람은 기도만으로 해결되지 않는다. 자신에게 인지적 오류가 있음을 인정하고 확증편향을 버리기 위해 부단히 노력해야 한다.

둘째는, 성경의 중심이 바로 예수 그리스도라는 사실이다.

구약은 오실 예수님에 대한 기록이고, 신약은 오신 예수님에 대한 기록이라는 사실이다. 예수님은 엠마오 도상의 두 제자들에게 이 사실을 설명해 주셨다. 모세의 율법과 선지자의 글이 모두 예수그리스도를 향하고 있다는 사실을 말씀하셨다. 실제로 예수님은 성경에 대해 분명한 정의를 내리신 적이 있다.

> 너희가 성경에서 영생을 얻는 줄 생각하고 성경을 연구하거니와
> 이 성경이 곧 내게 대하여 증언하는 것이니라(요 5:39)

그렇다. 성경의 중심은 바로 예수 그리스도이다. 이것만 알고 있다면 성경을 올바르게 바라볼 수 있는 눈이 열리는 법이다. 우리는 성경을 통해 예수님을 만나야 하고, 그분과 대화해야 하고, 그분과 함께 쉬어야 하고, 그분과 함께 호흡해야 한다. 그것이 바로 성경의 중심이라는 사실이다.

셋째는 성경을 풀어주면 마음이 뜨거워진다는 사실이다.
예수님은 두 제자에게 성경을 풀어주셨다. 그때 그들의 마음이 뜨거워졌다. 제자들은 서로 "길에서 우리에게 말씀하시고 우리에게 성경을 풀어 주실 때에 우리 속에서 마음이 뜨겁지 아니하더냐?"고 묻는다. 그들이 공통적으로 느낀 것은 성경을 풀어주실 때 마음이 뜨거워진다는 사실은 분명한 진리이다.
글로바와 그와 함께 하던 제자가 그날 밤 다시 예루살렘으로 뛰어 올라갔다. 그 이유는 예수님을 만났기 때문이기도 하지만 더 중요한

이유는 예수님이 성경을 풀어주실 때 그들의 마음이 뜨거워졌기 때문이다.

종종 우리는 한국교회 그리스도인을 포함하여 전 세계 그리스도인의 문제점으로 '머리에 든 것은 많은데 마음이 냉랭하다'라는 이야기를 하곤 한다. 그렇다. 현대의 그리스도인들이 아는 것은 많은데 마음은 차갑다 못해 냉랭하다. 그리스도인들이 행동하지 않는 이유는 마음이 차갑고 냉랭하기 때문이다.

그 이유가 무엇이라고 생각하는가? 그것은 바로 성경을 풀어주지 않기 때문이다. 기독교TV에서 쉴 새 없이 흘러나오는 대부분의 설교들을 검증해 보면, 성경을 풀어주는 것이 아닌 '자신이 하고 싶은 메시지', '자기의 의도나 주장' 또는 '자기의 신앙철학이나 이념' 등을 성경을 인용해 전달하는 경우가 많다. 물론 그 설교들이 하나님의 말씀이라고 주장할 것이다. 과연 그렇다면 설교자들이 자신에게 질문해야 할 것이 있다.

정말 그 설교들이 성경의 의도와 전적으로 일치하는가?
정말 그 설교에 인지적 오류가 없다고 확신하는가?
정말 그 설교에 자신의 의도를 담아 성경을 인용하여 전달하는 것이 아닌가?
정말 그 설교의 내용을 먼저 자신이 믿고 순종하고 있는가?

하브루타가 필요한 이유는, 질문하고, 대답하고, 토론하는 가운데 검증이 가능하다는 것이다. 다른 하나는 하브루타를 통해 확증편향에 빠진 사람을 깨우칠 수 있다는 것이다. 예수님이 그러하셨다. 예수님은 확증편향에 빠진 제자들을 위해 굳이 엠마오로 동행하신 것이다. 하브루타는 인지적 오류에 빠진 사람을 깨우칠 수 있는 가장 좋은 하나님의 학습법이다.

7. 베드로와의 하브루타
(요 21:15-23)

 한 순간의 잘못으로 사명의 길을 잃고 방황하는 사람의 고통은 말로 형용할 수 없다. 실패자로 살아가야 한다는 고통, 무엇으로도 해결되지 않는 아픔은 모든 상황을 무기력에 빠지게 한다. 무기력은 또 하나의 인지적 오류이다.

 3년 동안 예수님을 따라다니던 시몬 베드로가 그랬다. 그는 여러 실수를 범했는데, 결정적인 실수는 세 번이나 예수님을 모른다고 부인한 것이었다. 이 일은 예수님이 아닌 베드로 자신에게 치명적인 상처를 남겼다. 사명을 받은 제자로서 예수님 앞에 부끄럽다는 것, 수제자로서 다른 제자들에게도 떳떳하지 못했다. 그래서 그는 사명의 길에서 떠나 예전에 하던 고기 잡는 일로 돌아가기로 결정한다.

시몬 베드로는 다른 제자들 앞에서 "나는 물고기 잡으러 가노라"하면서 자리에서 일어섰다. 이 말에는 "에이, 나는 고기나 잡으러 간다!"는 뜻이 담겨 있다. 사명을 내려놓고 예전에 자신이 하던 고기 잡는 일로 돌아가겠다는 선언이었다. 베드로에게 다시 사명을 회복할 의지가 전혀 보이지 않았다. 인지적 오류에 빠져버린 것이다.

그러자 다른 제자들도 "우리도 함께 가겠다."고 따라 나섰다. 맏형인 베드로의 인지적 오류는 다른 제자들에게 영향을 주었다. 3년이나 함께 훈련받으며 동거 동락했던 모든 기억이 과거의 추억으로 전락해 버리는 순간이었다.

그들은 자신들의 일터인 바다로 다시 달려갔다. 베드로를 포함한 7명의 전직 어부들은 날이 새도록 이전에 하던 방법으로 바다에 그물을 내려 고기를 잡았다. 그러나 웬일인지 그 날 전직 어부들은 아무것도 잡지 못했다. 그리고 어김없이 아침이 밝아오기 시작했다.

그 때 해변에는 예수님이 베드로를 포함한 일곱 명의 어부들이 그물을 던지는 것을 보고 있었다. 아직 새벽인지라 제자들은 예수님을 알아보지 못하고 있었다. 날이 어두워서라기보다는 제자들은 설마 예수님이 그곳에 나타나시리라고는 꿈에도 상상하지 못했던 것이다. 그러나 그것은 그들의 기억력 착각이었다.

예수님이 제자들을 부르셨다. 우리 성경에는 "얘들아, 너희에게 고기가 있느냐?"라고 번역되어 있고, 영문 성경(NIV)에는 "친구들 고기 좀 잡았소?"라고 번역하고 있다. 유진 피터슨(Eugene H. Peterson)이 번역한 성경에는 "좋은 아침입니다. 아침 먹을 것 좀 잡았소?"라고 했다.

제자들은 아주 간단하게 대답했다. "없나이다." "아니오." "허탕이요." "없소." 라는 뜻의 단 한 마디, "아니오!"(No)였다. 아마 제자들은 고기가 하나도 없다고 힘없이 말했을 것이다.

그때 예수님께서 말씀하셨다. "그렇다면 배 오른편에 그물을 내려보시오. 고기를 잡을 것이요." 지푸라기라도 잡고 싶었던지 제자들은 낯모르는 그의 말을 듣고 배 오른편에 그물을 내렸다. 그런데 이게 웬일인가? 무려 153마리, 그것도 큰 물고기였다. 대성공이었다.

사실 예수님이 해변에 나타나신 것은 이번이 처음이 아니었다. 예수님이 베드로와 그의 형제 안드레에게 고기를 낚는 어부가 아닌 사람을 낚는 어부가 되게 하시겠다는 말씀도 해변에서 이루어진 말씀이었다.

> 갈릴리 해변에 다니시다가 두 형제 곧 베드로라 하는 시몬과 그의 형제 안드레가 바다에 그물 던지는 것을 보시니 그들은 어부라 말씀하시되 나를 따라오라 내가 너희를 사람을 낚는 어부가 되게 하리라 하시니 (마 4:18-19)

이 사건을 누가는 더 자세히 묘사하고 있다. 단순히 고기를 잡는 베드로와 안드레를 데려오신 것이 아니었다. 이 본문과 같이 밤새도록 고기를 잡았으나 잡지 못해서 허탕치고 있을 때 "깊은 데로 가서 그물을 내려 고기를 잡으라"고 하셨을 때 베드로의 위대한 고백과 함께 엄청난 결과가 발생한다.

시몬이 대답하여 이르되 선생님 우리들이 밤이 새도록 수고하였으되 잡은 것이 없지마는 말씀에 의지하여 내가 그물을 내리리이다 하고 그렇게 하니 고기를 잡은 것이 심히 많아 그물이 찢어지는지라(눅 5:5-6)

그때 베드로는 예수님 앞에 엎드려 죄인임을 고백했고 자신에게서 떠나주기를 요청한다. 그러자 예수님은 베드로에게 자신을 따를 것을 명령했고, 그때부터 베드로는 예수님의 제자가 되었다. 이렇듯 예수님이 해변에 나타나신 것은 이번이 처음이 아니었다. 제자로 부르실 때, 또 제자로 다시 부르실 때 예수님은 해변으로 베드로를 찾아오신 것이다.

갈릴리 디베랴 바다에서 밤이 다가도록 그물을 던진 제자들은 갈릴리 바다가 처음이 아니다. 그들은 갈릴리에서 태어나 갈릴리 바다에서 잔뼈가 굵은 전문 어부출신이다. 갈릴리 바다의 물결 흐름과 파도 모양만 보아도 고기가 어디에 있는지를 꿰뚫어 볼 수 있는 갈릴리 지역의 전문 어부들이었다.

게다가 그들은 혼자도 아닌 일곱 명이나 떼거리로 나가서 밤새도록 그물을 던지고서도 한 마리도 잡지 못했다. 이것은 상식적으로 도저히 납득할 수 없는 일이다. 아무리 최악의 경우라도 고기잡이에 나선 이상 그들 중 누군가는 그 전문성에 해당하는 볼품없는 물고기 한두 마리 정도는 건져 올렸어야 했다. 그럼에도 불구하고 그들은 그날 밤 완전무결한 실패자가 되고 말았다.

그야말로 어쩌면 안 되는 쪽으로 기적이 나타났다. 거꾸로 기적이 일어난 것이다. 사실 기적은 하나님만이 나타내신다. 일상생활 중에서 때로는 좀 잘될 수도 있고 좀 안될 수도 있다. 그럼에도 불구하고 이렇게 철저하게 실패했을 때, 우리는 이런 현상을 기적이라고 생각해야 한다. 기적이 꼭 좋은 방향으로만 나타나는 것이 아니다. 일곱 제자들이 이 날 물고기를 한 마리도 잡지 못한 것은 하나님의 간섭을 통한 기적인 것이다.

만약 이날 어부들이 물고기를 많이 잡았더라면 어떤 일이 일어났을까? 아마 제자들이 다시 어부생활로 돌아갔을지 모른다. "흠, 옛 기술이 녹슬지 않았군!"하면서 서로 어깨를 툭툭 치며 거나하게 술 한 잔하면서 옛날을 회상했을 것이다.

그런데 그날 비참하게도 그들은 실패했다. 어부로서의 자존심을 잃었다. 밤이 새도록 그물질을 했지만 한 마리도 건져내지 못했다. 예수님을 따르는 데 실패한 베드로는 이제는 고기 잡는 일에서까지 실패할 위기에 처하게 되었다. 오히려 그것이 그들에게 다행이었고, 축복이었고, 새로운 출발이 되었다. 그들은 실패 때문에 꿈에도 그리던 예수님을 다시 만나게 되었다.

이렇게 예수님은 실패자로 전락할 위기에 빠진 베드로를 찾아오셔서 많은 물고기를 잡을 수 있게 해 주셨고, 지쳐 있는 제자들을 위하여 아침식사를 차려 먹게 해 주셨다. 그들은 예수님이 차려주신 아침식사를 먹었다. 그때부터 예수님과 시몬 베드로의 하브루타가 시작되었다.

　　예수님 : 요한의 아들 시몬아, 네가 이 사람들보다 나를 더 사랑하느냐?"

베드로 : 주님, 그렇습니다. 내가 주님을 사랑하는 줄을 주님께서 아십니다.

예수님 : 내 어린 양 떼를 먹여라.

베드로에게 그물이 찢어지도록 고기를 잡게 해주시고 아침식사까지 차려주신 예수님이시다. 아침식사를 한 후 베드로에게 "요한의 아들 시몬아!"라고 부르신 것이다. 그리고 이 사람들보다 나를 더 사랑하느냐고 물으신 것이다.

예수님을 세 번씩이나 부인했던 베드로에게 예수님은 세 번의 사명을 부여하셨다.

베드로는 예수님의 기습 같은 질문에 당황했지만, "주님 사랑합니다"라고 고백했다. 베드로는 예수님을 사랑하고 있었다. 그러나 그 사랑을 고백할 수 없었다. 예수님께 너무나 큰 실수와 실례를 범했기 때문이었다. 예수님은 이런 베드로의 마음을 알고 계셨다. 그래서 찾아오셨고, 아침식사를 차려 주셨다. 그리고 "사랑하느냐?"고 물으면서 관계를 회복시키셨다.

사랑으로 응답한 베드로에게 예수님은 사명을 맡기셨다. 영적으로 미성숙한 성도들을 신령하고 순전한 것으로 양육하라고 하셨다. 예수님과 베드로의 서먹서먹했던 감정들이 일순간에 해결되고 사명을 회복하는 순간이었다. 사실 베드로는 꿈에도 사명까지는 생각하지 못했다.

사실 베드로 자신은 예수님의 부활이 반갑긴 했지만, 세 번씩이나 부인했던 예수님 앞에 감히 설 수 없었다. 그런 베드로의 사정을 아신 예수님이 찾아오셨고 아침 식사 후에 질문하고, 대답하는 하브루타를 통해 다시 사명을 일깨워주셨다.

그러나 질문이 여기서 끝난 것이 아니었다. 예수님이 두 번째로 베드로에게 질문하셨기 때문이다. 문제는 질문의 내용이 첫 번째 질문의 내용과 거의 같았다는 사실이다. 우리는 같은 질문을 두 번이나 받을 때 당황하게 된다. 그 저의가 의심스럽다고 생각되기 때문이다.

예수님 : 요한의 아들 시몬아, 네가 나를 사랑하느냐?

베드로 : 주님, 그렇습니다. 내가 주님을 사랑하는 줄을 주님께서 아십니다.

예수님 : 내 양 떼를 쳐라.

예수님은 처음에는 내 어린 양떼를 먹이라고 하셨는데 이번에는 양떼를 치라고 하셨다. 양 떼를 친다는 것은 '그릇된 길로 가기 쉬운 영혼들을 잘 감독하라'는 뜻이다. 이제 베드로에게 주어진 사역은 단 하나의 사역이 아니었다. 어린 양 떼를 먹이는 동시에 양 떼를 치리하라는 사명을 주셨다.

'삼 세 번'이라는 말이 있다. 한 번이나 두 번으로 확인이 안 될 때 쓰는 말이다. 예수님은 세 번째 베드로에게 질문하셨다. 거의 동일한 질문이었다. 이 질문 앞에 당황하지 않을 사람이 어디 있겠는가. 그것은 마치 베드로가 예수님을 세 번씩이나 부인했던 것을 연상시키는 순간이었다.

예수님 : 요한의 아들 시몬아, 네가 나를 사랑하느냐?

베드로는, 예수님께서 '네가 나를 사랑하느냐?' 하고 세 번이나 물으시는 것으로 인해 불안해졌다. 베드로의 머릿속에는 온통 예수님을 세 번씩이나 부인했던 것들이 자꾸 연상되었다. 세 번의 질문이 오가는 짧은 시간이었지만 베드로는 그 시간이 길게만 느껴졌다. 베드로는 속으로 이렇게 외쳤을 것이다. '제발 그만요~'

그러나 그 말이 입 밖으로 나오지 않았다. 그렇다고 당당하게 "사랑합니다"라고 대답하기에 자신이 부끄러웠다. 그래서 베드로는 예수님의 질문에 의탁적인 대답을 한다.

베드로 : 주님께서는 모든 것을 아십니다. 그러므로 내가 주님을 사랑하는 줄을 주님께서 아십니다.

예수님 : 내 양 떼를 먹여라.

예수님은 처음에 어린 양을 먹이라고 하셨다. 두 번째는 양떼를 치라고 하셨다. 그리고 세 번째는 양 떼를 먹이라고 하셨다. 이 말씀은 어린 양 뿐 아니라 성숙한 그리스도인도 끊임없이 양육되어 그리스도의 장성한 분량이 충만한 데까지 이르도록 해야 한다는 사명이었다. 다시 사명을 회복시켜 주신 주님은 이제 베드로에게 의미심장한 말씀을 하신다.

예수님 : 내가 진정으로 진정으로 네게 말한다. 네가 젊어서는 스스로 띠를 띠고 네가 가고 싶은 곳을 다녔으나, 네가 늙어서는 남들이 네 팔을 벌릴 것이고, 너를 묶어서 네가 바라지 않는 곳으로 너를 끌고 갈 것이다.

예수님께서 이렇게 말씀하신 것은, 베드로가 어떤 죽음으로 하나님께 영광을 돌릴 것인가를 암시하신 것이다. 목양사역을 위임받은 베드로에게 비장한 예언이 선고되었다. 그것은 바로 순교였다. 선한 목자이신 예수님께서 양들을 위하여 목숨을 버리신 것처럼, 그 양떼를 위탁받는 베드로 역시 자신의 생명을 바치도록 하신 것이다.

「베드로 행전」에 보면, 네로 황제의 박해 시 도망가던 베드로가 로마로 향하시는 예수님을 만나는 장면이 나온다. 그리고 예수님께 "주님 어디로 가십니까?"(Quo vadis, Domine?)라고 질문한다. 예수님은 베드로에게 "네가 도망치는 로마에서 다시 십자가에 달리기 위해 로마로 간다"라고 말씀하신다.

그때 베드로는 예수님의 말씀을 듣고 회개한다. 그리고 로마로 달려가 십자가에 거꾸로 달려 순교한다. 이 사실을 교부였던 오리겐(Origen)과 터툴리안(Tertullian)도 확인해 주었다.

예수님이 베드로에게 하신 '남이 네게 띠 띠우고'라는 말씀은 분봉왕 헤롯 아그립바 1세 (AD 39-44 재위)가 교회를 박해하면서 베드로가 투옥된 사건에서 부분적으로 실현되었고, 최종적으로는 64년경 로마에서 체포당함으로 실현되었다. 아름답고도 슬픈 베드로에 대한 예수님의 예언이었다. 예수님은 이 말씀을 하시고 나서, 베드로에게 말씀하셨다.

예수님 : 나를 따르라!

베드로는 꼼짝없이 예수님을 따랐다. 그런데 베드로가 뒤를 돌아보니, 예수께서 사랑하시던 제자가 따라오고 있었다. 이 제자는 마지막 만찬 때에 예수의 가슴에 기대어서, "주님, 주님을 넘겨줄 자가 누구입니까?"하고 물었던 사람이다. 바로 이 책을 기록한 요한이다.

베드로 : 주님, 이 사람은 어떻게 되겠습니까?

예수님 : 내가 올 때까지 그가 살아 있기를 내가 바란다고 한들,
그것이 너와 무슨 상관이 있느냐? 너는 나를 따라라!"

이 말씀이 믿는 사람들 사이에 퍼져 나가서, 그 제자는 죽지 않을 것이라고들 하였지만, 예수께서는 그가 죽지 않을 것이라고 말씀하신 것이 아니라, '내가 올 때까지 그가 살아 있기를 내가 바란다고 한들, 그

것이 너와 무슨 상관이 있느냐?' 하고 말씀하신 것뿐이었다.

예수님을 세 번 부인했던 베드로에게 "내 양을 먹이라 그리고 나를 따르라"는 명령이 엄숙히 하달되었다. 예수님은 베드로를 예수님의 양 떼를 먹이고 치는 사역을 감당하다가 순교할 것을 예언하셨다.

예수님은 무슨 근거로 요한의 아들 시몬에게 '반석'이라는 단단한 이름을 주셨을까? 당시 이스라엘은 통용어가 아람어였는데, '반석'은 아람어로 게바, 헬라어로는 베드로이다. 예수님이 요한의 아들 시몬에게 '게바'라는 이름을 주신 것도 바로 이런 의미였던 것이다.

마지막 유언 같은 예수님의 명령에 베드로는 두렵고 떨리는 심정으로 순종해야 했다. 그러나 베드로의 마음은 예수님의 사랑하시는 다른 제자로 인해 곧 흐트러졌다. 이 같은 시행착오는 우리의 경험 가운데서도 자주 발견된다. 복음전파를 위해 헌신하는 신앙생활은 운동장에서 달음질하는 것과 같다. 육상선수가 목표 지점을 확고히 응시하지 못하고 시선이 산만해지면 행방을 잡지 못하고 제대로 달릴 수 없다. 예수님은 베드로가 사명을 위해 헌신할 것을 강조하신 것이다.

예수님과 베드로의 이 대화가 바로 하브루타이다. 예수님과 베드로의 하브루타가 없었다면 베드로는 다시 사명을 회복할 기회를 얻지 못했을 것이다. 단순한 제자의 삶이 아닌 이제부터는 양떼들을 돌보는 사명의 자리로 나아가라고 하셨다. 단순 인지에서 메타인지로 나아가는 순간이었다.

예수님은 베드로와 하브루타를 하기 위해 친구처럼 찾아오셔서 베드로에게 구체적인 사명을 재확인하는 기회를 주셨다. 결과 베드로는 사명을 회복하는 기쁨을 체험하게 되었고, 사람을 변화시키고 역사를 뒤바꾸는 일을 감당하다가 천국에 계신 예수 그리스도의 품으로 돌아갔다. 거기서 베드로는 예수님의 품에서 감격의 눈물을 흘렸을 것이다.

예수님의 하브루타
이해를 돕는 질문

01 예수님과 니고데모의 하브루타에서 예수님이 말씀하신 핵심이 무엇인지 설명하시오.

02 예수님과 사마리아 여자와의 하브루타에서 예수님이 말씀하신 핵심이 무엇인지 설명하시오.

03 예수님과 부자 청년과의 하브루타에서 예수님이 말씀하신 핵심이 무엇인지 설명하시오.

04 예수님과 시로페니키아 여자와의 하브루타에서 예수님이 말씀하신 핵심이 무엇인지 설명하시오.

05 예수님과 간음한 여자와의 하브루타에서 예수님이 말씀하신 핵심이 무엇인지 설명하시오.

06 예수님과 엠마오 도상의 두 제자와의 하브루타에서 예수님이 말씀하신 핵심이 무엇인지 설명하시오.

07 예수님과 베드로의 하브루타에서 예수님이 말씀하신 핵심이 무엇인지 설명하시오.

하브루타 집중훈련반
Havruta Intensive Course: HIC

"설명할 수 없다면 아는 것이 아니다!"

    지금 세계는 '하브루타의 사람들'(Havruta's People)에 의해 움직이고 있습니다.
    세계의 정치, 경제, 사회, 문화, 예술, 디자인, 영화, 의학, 문학, 금융을 주도하고 있는 것 역시 하브루타의 사람들입니다. 아이비리그(Ivy League) 상위 30%에 해당되는 다음 세대들(Next Generation) 역시 하브루타의 사람들입니다.
    그러나 우리가 하브루타를 훈련하는 것은 학습적 효과만을 위한 것이 아닌 하나님의 말씀의 진의를 발견하고 그 말씀으로 세상에서 빛과 소금이 되는 삶을 살아가는 것입니다. 이것이 하나님을 기쁘시게 하는 것이며 자녀들의 신앙계승과 한국교회 부흥의 시작입니다. 하브루타를 가정과 교회에 적용하려면 하브루타 집중훈련반에 오십시오. 정중히 초대합니다.

● 하브루타 집중훈련반(Havruta Intensive Course: HIC)

매월 첫째 주 월요일부터 화요일까지 1박2일 과정으로 진행됩니다.
1박2일 동안 하브루타의 이론과 방법, 그리고 짝을 바꿔 실습하는 시간을 갖습니다.

● 하브루타 실습훈련반(Havruta Training Course: HTC)

매주 토요일 오후(14:00~17:00) 7주 과정의 실습 및 훈련의 시간을 갖습니다.
매주 짝을 바꿔 하브루타를 실습하며, 실습 후에는 쉬우르를 통해 그날의 하브루타를 정리합니다. 1박2일의 집중훈련반을 이수해야만 참가할 수 있으며, 7주 동안의 실습과정을 마쳐야만 하브루타 전문강사로 임명됩니다.

교육신청 및 문의 : 010-3018-0693
홈페이지 www.amsong.kr

하브루타 훈련원(HTC) 31536 충남 아산시 신창면 서부남로 844번길 203호
홈페이지 www.amsong.kr/ 041) 532-0697/ 팩스 041) 532-0698